Graeme Maxton | Bernice Maxton-Lee

F*CK THE SYSTEM

Ein Leitfaden für eine bessere Welt

Graeme Maxton | Bernice Maxton-Lee

F*CK THE SYSTEM

Ein Leitfaden für eine bessere Welt

Was Covid-19 uns lehrt und warum die liberale Demokratie
uns bei der Klimakrise nicht weiterhilft

Aus dem Englischen übertragen
von Nina Sattler-Hovdar

KOMPLETTMEDIA

Die englische Erstausgabe ist 2020 bei Top Hat Book in den United States erschienen.

A Chicken Can't Lay a Duck Egg: How Covid-19 Can Solve the Climate Crisis
© Graeme Maxton, Bernice Maxton-Lee, 2020, 2021
Copyright der deutschen Erstausgabe
© Verlag Komplett-Media GmbH
1. Auflage 2021
Verlag Komplett-Media GmbH
2021, München
www.komplett-media.de
ISBN: 978-3-8312-0582-0
Auch als E-Book erhältlich

Hinweis: Das vorliegende Buch ist sorgfältig erarbeitet worden. Dennoch erfolgen alle Angaben ohne Gewähr. Weder Autor noch Verlag können für eventuelle Nachteile oder Schäden, die aus den im Buch gegebenen Hinweisen resultieren, eine Haftung übernehmen.

Übersetzung: Nina Sattler-Hovdar, Elixhausen/Salzburg
Lektorat: Redaktionsbüro Diana Napolitano, Augsburg
Korrektorat: Dr. Katharina Theml, Wiesbaden
Umschlaggestaltung: FAVORITBUERO, München
Satz und Layout: Daniel Förster, Belgern
Druck & Bindung: GGP Media GmbH, Pößneck

Printed in Germany

Dieses Werk sowie alle darin enthaltenen Beiträge und Abbildungen sind urheberrechtlich geschützt. Jede Verwertung, die nicht ausdrücklich vom Urheberrecht zugelassen ist, bedarf der vorherigen schriftlichen Zustimmung des Verlags. Das gilt insbesondere für Vervielfältigungen, Bearbeitungen, Übersetzungen, Mikroverfilmungen und die Speicherung und Verarbeitung in elektronischen Systemen sowie für das Recht der öffentlichen Zugänglichmachung.

Dieses Buch ist den bemerkenswerten Menschen von Taiwan gewidmet. Wir danken ihnen dafür, dass sie uns ein Zuhause gaben und uns mit Umsicht und Respekt begegneten, als wir zutiefst entmutigt in Herz und Seele litten.

Als Covid-19 aufkam, sorgten Dr. Chen Shih-Chung und seine Mitarbeiter im Ministerium für Gesundheit und Soziales dafür, dass wir verschont blieben.

Vielen Dank, »Uncle Chen«.

Wir möchten auch Marina und Clemens Haydn in Wien und Genf für ihre Unterstützung, Einblicke und Freundschaft danken, sowie dafür, dass sie uns an einige der faszinierendsten und zugleich schaurigsten Orte entführten, die wir je gesehen haben.

Inhalt

VORWORT 9

Stimmen zum Buch 16

**Teil 1
PROBLEME ÜBER PROBLEME** 19

Auch eine Krise hat ihr Gutes 19
Erhellend und beängstigend 25
Was hindert die Menschheit daran,
   sich zu verändern? 34
Die Tücken der sogenannten Demokratie 44
Über die Notwendigkeit, alles zu überdenken 53

Teil 2
Verstanden! Und jetzt? 57

Neuland betreten 57

Systemwandel statt Klimawandel 63

Konzepte für eine andere Zukunft 69

Neudenker und Vorkämpfer statt ewiggestriger
Sesselkleber 76

Widerstände, Hindernisse und Stolpersteine . . . 80

Wo sollte der Übergang beginnen? 109

»Was kann ich tun?« 115

Aufbruch statt Untergang 143

Faktencheck 145

Lesetipps 149

Anmerkungen 151

Über die Autoren 157

VORWORT

Verlage in den USA legen ihren Autoren häufig ans Herz, ihre Bücher mit einer persönlichen »Story« zu beginnen. Leser sollen die persönliche »Reise« der Autoren kennenlernen, was sie getan haben und wie ihr Leben aussah, bevor sie sich hinsetzten und das Buch zu schreiben begannen. Wir sind keine ausgesprochenen Fans dieser Idee, weil all das für die Botschaft keine Relevanz hat. Wir sind der Meinung, dass die Aussagen in diesem Buch zu radikalen Gesellschaftsreformen und Klimawandel auf Fakten und gut durchdachten Erkenntnissen beruhen sollen, nicht auf dem Auf und Ab im Alltag unseres bisherigen Lebens.

Für die Leserinnen und Leser der deutschen Ausgabe bieten wir daher eine adaptierte Fassung der im englischen Buch erschienenen Einleitungsgeschichte. Wer an dieser persönlichen Schilderung kein Interesse hat, möge den folgenden Teil zwischen den Sternen einfach überspringen.

* * *

Wenn man mit dem Tod bedroht wird, steckt man das nicht so einfach weg. Wenn einem gesagt wird, man werde leblos liegend im Schlamm, den Körper voller Schlangengift enden, nur weil man einen Regenwald retten will, ist das starker Tobak. Mit dem Papst zu frühstücken war da wesentlich erbaulicher.

Erfahrungen wie diese ziehen sich durch unser Leben.

Vor der Finanzkrise 2008 arbeiteten wir beide für Unternehmen in China und Südostasien, und dort war es auch, dass wir uns zum ersten Mal fragten: Was tun wir hier eigentlich? Wir erkannten tiefe Diskrepanzen zwischen dem, was wir mit eigenen Augen sahen, und dem Narrativ vom Fortschritt, das uns in Büchern, in den Nachrichten, und in unseren Unternehmen vorgesetzt wurde.

Diese Länder verzeichneten zwar jede Menge Wirtschaftswachstum, das tägliche Leben aber blieb für die meisten Menschen sehr hart. Der öffentlichen Statistik zufolge waren Millionen von Menschen offiziell der Armut enthoben, doch die Mehrheit davon hatte eine bis dahin nachhaltige Lebensgrundlage verloren. Diese Menschen waren nun in die Geldwirtschaft gedrängt worden und mussten täglich bis zu 15 Stunden arbeiten, bloß um zu überleben. Die Auswirkungen all dieses Wirtschaftswachstums auf die Umwelt waren ebenfalls verheerend und unübersehbar. Berge von Plastikmüll, von Ölteppichen überzogene stehende Gewässer, stinkende, brennende Giftmüllhalden und boomende Megastädte hatten die üppigen, grünen Reisfelder ersetzt, die wir 20 Jahre zuvor gesehen hatten. Wir begannen uns daher zu fragen: Ist es das, was wir mit Wirtschaftswachstum erreichen? Unsere Freunde und Arbeitskollegen, unter anderem beim Wirtschaftsmagazin *The Economist*, für das wir damals arbeiteten, wussten darauf keine Antwort.

Wir befürchteten, Teil einer Maschinerie zu sein, die, statt Fortschritt zu bescheren, vielmehr die Ursache der Misere war. Damals erkannten wir, dass wir auf der Suche nach objektiven Antworten erst einmal ein wenig Distanz gewinnen mussten. Unsere Fragen führten uns daher von Hongkong nach Wien, von der Welt der Wirtschaft und der Finanzen in die Welt der Universitäten und der Umweltbewegung. Mitten in unserem Berufsleben sattelten wir um und befassten uns mit Fortbildungen in Klimachemie, internationalen Beziehungen und Umweltrecht.

In der Hoffnung, mit diesem Wissen etwas Nützliches bewirken zu können, landeten wir einige Jahre später wieder in Asien, diesmal in Singapur. Dort sahen wir die qualmenden Schwaden von Rauch, die von den brennenden Regenwäldern in Indonesien herüberzogen. Und wieder fragten wir uns: »Warum?« Dieses Mal schlug uns Desinteresse und sogar Feindseligkeit entgegen, insbesondere von jenen in Machtpositionen. Sogar unsere Arbeitskollegen am Jane Goodall Institute zogen es vor, nicht darüber zu reden, warum der Lebensraum seltener, uralter Primaten in Rauch aufging.

Also schürften wir noch tiefer, engagierten uns noch stärker, machten uns mit noch mehr Energie daran, mehr zu erfahren und mit noch mehr Nachdruck für Veränderungen zu kämpfen. Wir schrieben Bücher, eine von uns promovierte sogar mit einer Doktorarbeit darüber, warum die Bemühungen zur Beendigung der Abholzungen nicht greifen, der andere stieg als Generalsekretär des Club of Rome an die Spitze einer der weltweit führenden Umweltdenkfabriken auf. Wir wandten uns an die Vereinten Nationen, trafen uns mit dem Papst, taten uns mit Influencern zusammen und setzten uns

VORWORT

mit Präsidenten, Premierministern und Zentralbankgouverneuren aus aller Welt an einen Tisch. Jetzt würden wir das Problem doch bestimmt, endlich, wirklich verstehen.

Und so war es auch. Wir erkannten, dass Entscheider, Regierungsoberhäupter und Konzernbosse allesamt viel zu sehr darauf versessen sind, Profite zu machen, statt sich Erklärungen anzuhören, wie die Natur und die menschliche Gesellschaft zugrunde gerichtet werden, oder was passieren wird, wenn man so weitermacht wie bisher.

2019 fühlten wir uns ausgelaugt, erschöpft und entmutigt. Wir hatten alles gegeben und zu wenig erreicht. Die Zeit war bereits zu knapp, um den Kollaps zu verhindern, und nicht genug Menschen hörten uns zu. Wir brachen unsere Zelte in der Schweiz ab, in der Absicht, ein Jahr in Taiwan zu verbringen, fernab von allem, was wir kannten. Kurz danach setzte das Coronavirus zu seinem tödlichen Vorstoß rund um den Globus an.

Als die Krise immer weiter um sich griff, sahen wir eine allerletzte Chance für Veränderungen.

* * *

Die sozialen, politischen und ökologischen Herausforderungen der Welt lassen sich wie folgt zusammenfassen:

Jahrzehntelang haben die meisten wirtschaftlich dominanten Staaten der Welt, allen voran die USA, ihre Pflichten gegenüber der Mehrheit ihrer Bürger nicht erfüllt. Die hilflose, herzlose und inkompetente Reaktion vieler dieser Länder auf das Coronavirus war relativ leicht vorhersehbar. Sie fügte sich nahtlos in ein etabliertes Muster ein, das die Bedürfnisse der Wirtschaft vor die Bedürfnisse der Menschen setzt.

Es ist nicht möglich, die wirtschaftlichen, politischen und sozialen Systeme dieser Länder so zu reformieren, dass sie zum Wohl der Mehrheit funktionieren. Oder, in den Worten des Menschenrechtsaktivisten Malcolm X: »Ein Huhn kann eben kein Entenei legen.«[1]

Im kommenden Jahrzehnt wird die Menschheit zunehmend und aus gänzlich eigenem Verschulden von einer Serie ineinander verketteter Umweltkrisen überrollt werden. Deren Auswirkungen werden jene der Covid-19-Krise vollkommen in den Schatten stellen. Für diese Probleme gibt es keine marktwirtschaftliche Lösung. Solarpanele, Teslas und diverse bis dato noch nicht bekannte Technologien werden uns nicht retten. Retten kann uns nur noch eine Gesellschaft, die aufbegehrt und radikale Reformen der sozialen und wirtschaftlichen Strukturen durchsetzt. Covid-19 macht es möglich.

Die radikalen Umstellungen, auf die wir uns einstellen müssen, sind deshalb notwendig geworden, weil korrupte Regierungen der reichen Welt sich gegen notwendige Veränderungen gestemmt haben – in Form von Realitätsverweigerung, Inkompetenz und der Unfähigkeit, Fakten und Fake News auseinanderzuhalten. Jene, die an die Macht gewählt wurden, jene, die sie finanzieren, und jene, die den Großkonzernen der Welt vorstehen, schützen stattdessen lieber ihren (ungleich verteilten) materiellen Wohlstand und ihre Macht. Sie kontrollieren und kolonisieren weiter Rohstoffe und Menschen weltweit und beuten sie für kurzfristige Gewinne aus.

VORWORT

Angesichts der zunehmenden Umweltzerstörung erfüllen diese Regierungen und die Mächtigen nicht einmal ihre grundlegendsten Verpflichtungen. Hunderten von Millionen Menschen wird ein menschenwürdiger Lebensstandard verwehrt. Wenn sich nichts ändert, hinterlassen wir zukünftigen Generationen eine zerrüttete, kaputte Welt.

Handlungen sollten aber nicht erst dann gesetzt werden, wenn sich die Konsequenzen aus Fahrlässigkeit, Inkompetenz und Selbstbedienungsmentalität der Regierungen und Mächtigen so weit ausgewachsen haben, dass sie nicht mehr behoben werden können. Handlungen müssen jetzt gesetzt werden, und ab sofort jeden Tag während des nächsten Jahrzehnts. Das ist nämlich das einzige Zeitfenster, das uns noch bleibt, um radikale Veränderungen im Leben, Denken und Träumen der Menschen zu bewirken.

Danach ist es bereits zu spät. Danach wird man vielleicht noch energischer auf Veränderungen drängen, vor Wut gar eine zornige Revolution anzetteln, aber in diesem Stadium wäre das bereits vergebens.

Die erforderlichen Reformen sollten vor allem von den Jungen angeführt werden, denn sie haben am meisten zu verlieren. Wer heute in seinen 20ern oder 30ern ist, wird den Großteil seines Lebens in einer Welt verbringen, die sich rasch erwärmt – mit all den damit verbundenen Konsequenzen, dem Chaos und der Gewalt. Junge Veränderer sind in der Regel auch weniger von jener Wirtschaftspropaganda vereinnahmt, die den Planeten zugrunde richtet. Wer noch nicht mit diesem gefährlichen, zerstörerischen, die Gesellschaft spaltenden Virus namens Marktwirtschaft infiziert ist, wird in der Lage sein, eine andere, weniger egozentrierte Zukunft für die Menschheit aufzubauen. Wir Menschen haben die Pflicht, eine lodernde Fackel vor uns herzutragen, die den vor uns liegenden Weg so hell erleuchtet, dass ihn alle deutlich sehen können und niemand die Orientierung verliert. Ab dem heutigen Tag, und an jedem Tag im kommenden Jahrzehnt, ist unser Ziel noch erreichbar. Aber auch nur gerade noch.

Jetzt ist die Zeit zum Handeln. Warten Sie nicht so lange zu, bis es zwecklos ist. Sorgen wir alle dafür, gemeinsam und mit vereinten Kräften, dass jeder Tag zählt.

Graeme Maxton und Bernice Maxton-Lee
im Januar 2021

Stimmen zum Buch

»*Dieser leidenschaftliche Appell von zwei Top-Insidern ist ein absolutes Must-read!*«

    Hazel Henderson, Zukunftsforscherin und Expertin für alternative Ökonomie

»*Kaufen Sie zehn dringend benötigte Exemplare, eines für sich und die übrigen für vorausdenkende, engagierte, hartnäckige und effektive Freunde, die die Welt wirklich retten wollen.*«

    Yun Rou, taoistischer Mönch

»*Die Autoren argumentieren, dass die einzige Alternative zum kollektiven Öko-Selbstmord eine radikale Demokratisierung der Gesellschaft ist. Dem schließe ich mich vorbehaltlos an. Junge Menschen im Besonderen sollten dieses Buch lesen!*«

    Richard Smith, Wirtschaftshistoriker und Autor

»*Ein Buch, das jeder denkende Mensch gelesen haben sollte.*«

    Prof. Paul Shrivastava, Penn State University

»*Lesen Sie dieses kluge Buch, und handeln Sie danach, und zwar jetzt. In einem Jahrzehnt ist es bereits zu spät.*«

    Dr. Susan George, Präsidentin und Aufsichtsratsvorsitzende, Transnational Institute

Stimmen zum Buch

»Mutig, dramatisch und visionär. Ich hoffe, dass die Menschheit der Herausforderung gewachsen ist.«

JØRGEN RANDERS, CO-AUTOR VON »DIE GRENZEN DES WACHSTUMS« (1972)

»Ein faszinierendes und verstörendes kleines Buch, das auf überzeugende Weise für dringenden und grundlegenden gesellschaftlichen Wandel plädiert.«

PROF. MARK B. BROWN, CALIFORNIA STATE UNIVERSITY, SACRAMENTO, USA

»Leidenschaftlich, wo es um Realitäten geht; klar und deutlich in der Erläuterung der erforderlichen Veränderungen; witzig pointiert, wo dies angebracht ist. Dieses Buch führt uns aus dem Chaos zur Chance.«

MARTIN PALMER, GENERALSEKRETÄR DER ALLIANCE OF RELIGIONS AND CONSERVATION

»Dieses Buch zeichnet einen Kommunikationsweg vor: Fakten lernen, Mythen bekämpfen, die Stimme erheben. Ein Weckruf.«

DR. KERRYN HIGGS, UNIVERSITY OF TASMANIA, AUSTRALIEN

»Beim Lesen dieses Buches fühlt man sich wie beim Abendessen mit klugen, lustigen und leidenschaftlichen Menschen, die Dinge auf geistreiche und mitreißende Art auf den Punkt zu bringen verstehen.«

DR. NAZANIN ZADEH-CUMMINGS, DEAKIN UNIVERSITY, MELBOURNE, AUSTRALIEN

Teil 1

PROBLEME ÜBER PROBLEME

Auch eine Krise hat ihr Gutes

Ausschlaggebend für die vor uns liegenden Reformbemühungen ist die Überlegung, wie wir Menschen leben möchten. Sollen unsere Entscheidungen, wie dies schon so lange geschieht, auf der Grundlage ichzentrierter, kurzfristiger, animalischer Instinkte erfolgen? Oder schaffen wir es endlich, der reflektierenden und spirituellen Seite des menschlichen Charakters den Vorzug zu geben? Uns bleibt nur mehr wenig Zeit, um uns zu entscheiden.

Während wir diese Zeilen schreiben, bröckeln in vielen Ländern die sozialen Fundamente, verlieren Hunderte Millionen von Menschen ihren Job, und sind täglich Tausende Tote zu beklagen. All das wegen eines Virus, das vor einem Jahr noch völlig unbekannt war.

Doch trotz aller Nöte hat das Coronavirus der Menschheit etwas unglaublich Wertvolles gebracht. Verwoben in all der wirtschaftlichen Misere und menschlichen Tode eröffnet sich der Welt eine enorme Chance auf radikale soziale und wirtschaftliche Veränderungen – tatsächlich die größte Chance seit Jahrzehnten. Was die Zukunft bringt und wo die Möglichkeiten liegen, das ist das Thema dieses Buches.

Der Großteil befasst sich mit der langfristigen Perspektive über die nächsten Jahre hinaus. Wie sieht es jedoch bis dahin aus? Von unserem taiwanesischen Zufluchtsort vor dem Virus im Spätsommer 2020 sehen wir für die nahe Zukunft drei mögliche Wege:

1. Nach monatelangen hilflos wirkenden Maßnahmen der Regierungen, insbesondere in den USA, Brasilien, Frankreich, Spanien und Großbritannien, mit steigenden Infektionsraten und ums Überleben kämpfenden Unternehmen, stellt sich die erste für uns vorhersehbare Zukunft als eine Welt dar, in der alles beim Alten bleibt. Das Chaos wird einfach weitergehen. Es wird Monate des Optimismus geben, in denen die Infektionszahlen rückläufig wären und die Wirtschaft sich erholen wird. Doch dann werden wieder neue Viruscluster aufkommen und weitere Lockdowns folgen. Der Optimismus wird verflogen sein. Die Zukunft sieht für uns aus wie ein Gemälde von Salvador Dalí, ein wiederkehrender Albtraum mit punktuell surrealen Momenten der Freude.

2. In einem zweiten, etwas positiveren Szenario (wenn auch nicht aus unserer Sicht) sehen wir eine mögliche Erholung. So wie im Film wird die Menschheit »zurück in die Zukunft« gehen, die Volkswirtschaf-

ten werden langsam wieder zu dem zurückkehren, wie sie vor Covid-19 waren. Dies ist ein mögliches Szenario, so unsere Meinung, falls es gelänge, einen kostengünstigen, leicht verabreichbaren Impfstoff auf globaler Ebene innerhalb kürzester Zeit zu verbreiten und die Menschen davon zu überzeugen, diese Impfung ohne Impfpflicht wahrzunehmen. Oder falls das Virus von selbst verschwindet, zu einer weniger ansteckenden Form mutiert, so, wie dies am Ende der großen Pestseuche in London 1665 geschah.

Dass diese zweite Visualisierung der Zukunft eintreten wird, ist so gut wie garantiert, zumindest in der einen oder anderen Form. Angesichts der enormen Summen, die Regierungen auf der ganzen Welt in die Entwicklung eines Impfstoffs investieren, der Tatsache, dass viele miteinander konkurrieren, der riesigen Gewinne, die den Erfolgreichen in Aussicht gestellt worden sind, und der weitreichenden wirtschaftlichen Vorteile für diejenigen, die die Ausbreitung des Virus zuerst unter Kontrolle bringen, scheint es praktisch gesichert zu sein, dass mehrere Covid-19-Impfstoffe schnell auf den Markt kommen werden, vielleicht sogar noch vor Veröffentlichung unseres Buches, das im englischen Original im November 2020 erschien.

Wir sehen aber auch ein Problem. Jeder rasch eingeführte Impfstoff wird viel schneller entwickelt werden als sonst üblich. Angesichts der verlockend hohen Profite und der Tatsache, dass multinationale Pharmakonzerne von ihrer gesetzlichen Haftung befreit werden, sodass es im Endeffekt keine Rolle spielt, ob ihre Impfstoffe tatsächlich wirken oder üble Nebenwirkungen haben, besteht die Gefahr, dass bei diesem Best-Case-Szenario die Rechnung ohne den Wirt gemacht werden wird.

Außerdem würde sich die Durchimpfung von knapp 8 Milliarden Menschen über Jahre hinziehen, in denen das Virus weiterhin ungehindert wüten kann. Es werden immer wieder neue Infektionscluster auftreten, die weitere unvorhersehbare Einschränkungen nach sich ziehen.

Selbst wenn diese positive Zukunft also zustande käme, wäre das Leben für die meisten Menschen wahrscheinlich immer noch schwierig und nicht wesentlich anders als die Zukunft, die wir im ersten Szenario vorhergesehen haben.

3. Die dritte mögliche Zukunft, die wir sehen können, ist die einer Wiedergeburt. Diese kann dann eintreten, wenn die Menschheit zusehends begreift, dass eine Rückkehr zur früheren Normalität nicht mehr möglich ist. Sie kann eintreten, wenn es den Forschern nicht gelingt, einen sicheren, zuverlässigen, lang wirkenden und wirksamen Impfstoff zu entwickeln. Oder sie kann eintreten, wenn eine noch tödlichere Mutation des Virus auftaucht und es zu weitverbreiteten semi-permanenten Lockdowns kommt.

Diese dritte mögliche Zukunft ist für uns die interessanteste. Eine langdauernde Krise könnte zwar zu Konflikten führen, weil Völker weltweit versuchen würden, anderen die Schuld an ihrer Not zu geben, gleichzeitig würde diese dunkle Stunde der Menschheit aber auch die einzigartige Möglichkeit eröffnen, die Lebens-, Denk- und Arbeitsweisen der Menschen radikal zu revidieren. Wenn das gelänge, käme dies einer Renaissance des menschlichen Verhaltens gleich.

Oft ist ein radikaler Wandel gerade während einer Krise möglich. Covid-19 wäre daher das Tor in eine andere Zukunft, einer Zukunft, in der die Menschheit ihre größeren, langfristigen Herausforderungen in Angriff nehmen könnte.

Warum sind wir der Meinung, dass ein derart umfassendes und radikales Umdenken in einem derart enormen Ausmaß notwendig ist? Das ist das Thema, mit dem wir uns im ersten Teil dieses Buches befassen.

Die Menschheit hat es kolossal vermasselt

Ein radikaler Richtungswechsel ist deshalb nötig, weil der Menschheit im kommenden Jahrzehnt verheerende Umweltkrisen bevorstehen, die, falls wir nichts ändern, das Coronavirus und dessen Auswirkungen wie einen Sonntagsspaziergang aussehen lassen werden. Die erste dieser Krisen hängt direkt mit der Entstehung des Virus zusammen.

Da die Menschheit immer weiter in den Lebensraum anderer Lebewesen eindringt, nimmt das Artensterben immer mehr zu, und die Anzahl der Krankheiten, die von anderen Arten auf den Menschen übertragen werden, steigt immer weiter. In Gebieten, in denen die natürlichen Systeme durch menschliche Eingriffe bereits stark beeinträchtigt wurden, ist die Anzahl der Wirtstiere für derartige Zoonosen, etwa Fledermäuse und Ratten, um 250 Prozent höher und der Anteil an Trägern der Erreger um 70 Prozent höher als sonst üblich.[2] SARS, Zika, HIV, MERS, Ebola und Covid-19 sowie viele andere tödliche Krankheiten sind alle eine Folge der menschlichen Missachtung der Natur. Covid-19 hat die größte globale Pandemie seit mehr als einem Jahrhundert verursacht, wird aber dennoch, wenn wir unser Verhalten nicht ändern, nur die erste von vielen sein.

Die zweite drohende Umweltkrise ist die zunehmende Verschmutzung. Sie ist eine der Hauptursachen für das Artensterben. Dass sich immer mehr Mikro- und Nanoplastik in den Meeren und Flüssen der Welt ansammelt, ist bereits als größte Gefahr für die Menschheit[3] bezeichnet worden, während »neun von zehn Menschen verschmutzte Luft einatmen«.[4] Sieben Millionen Menschen sterben jährlich an Folgen der Umweltverschmutzung, Atemwegserkrankungen sind aktuell bereits die dritthäufigste Todesursache der Menschheit.[5]

Schwere Umweltprobleme resultieren auch aus Bergbau, Energieerzeugung und Urbanisierung. Zur Stromproduktion errichtete Dämme haben schon Erdbeben verursacht. Die Gewinnung von Öl, Gas und Kohle aus tiefen Schichten der Erde hinterlässt instabile, großflächig verschmutzte Landschaften. Die Regenwälder der Welt werden zerstört, und durch die zunehmende Bodenerosion werden zukünftige Generationen immer weniger in der Lage sein, sich selbst zu ernähren.

Diese Umweltprobleme sind deshalb so gravierend und drängend, weil die Auswirkungen der menschlichen Zerstörung so stark zugenommen haben. Die Weltbevölkerung hat sich in 60 Jahren mehr als verdoppelt und ist heute fast fünfmal so groß wie noch vor einem Jahrhundert. Selbst wenn man die durch Covid-19 verursachten Todesfälle abzieht, nimmt die menschliche Bevölkerung weiterhin um 80 Millionen jährlich zu. Das ist alle 12 Jahre eine Milliarde mehr – eine Milliarde mehr Menschen, die Nahrung, Wasser, Wohnraum, Kleidung und Abfalllösungen benötigen. Das Drängen auf immer mehr und mehr Produktion, die immer mehr Energie, Land und Rohstoffe erfordert, hat zusammen mit den Effekten einer immer stärkeren Urbanisierung dazu geführt, dass die Natur durch das menschliche Tun aus dem Lot gerät. Dies trifft ganz besonders auf den Klimawandel zu – der bei Weitem gravierendsten Umweltkatastrophe von allen.

Erhellend und beängstigend

Beim Klimawandel den Durchblick zu bewahren ist wahrlich nicht einfach. Die endlosen Schlagzeilen können genauso nervtötend und entmutigend sein wie die endlosen zwischenstaatlichen Treffen. Das Problem wird als dringlich dargestellt, gleichzeitig wird den Menschen gesagt, dass die schwerwiegendsten Folgen noch Jahrzehnte in der Zukunft liegen. Auch Ihnen ist vermutlich bewusst, wie viele Falschinformationen im Umlauf sind – dass Unternehmen, die fossile Energien fördern oder nutzen, Zweifel an den wissenschaftlichen Erkenntnissen säen oder schlicht leugnen, dass es ein Problem gibt. Was stimmt an all dem nun wirklich? Seien

Teil 1 – PROBLEME ÜBER PROBLEME

Sie gewarnt: Die folgenden Seiten werden aufschlussreich, zugleich aber auch beängstigender sein, als Sie es vielleicht erwarten. Sie werden Ihnen jedenfalls helfen zu verstehen, warum alles, was derzeit gegen den Klimawandel unternommen wird, nichts bringt. All diese Investitionen in Windparks, Solarenergie, Elektrofahrzeuge und Recycling werden für sich genommen nahezu gar nichts Sinnvolles bewirken.

Wissenschaftler wissen seit Jahrzehnten, dass die Durchschnittstemperatur des Planeten steigt und dass sich diese Erwärmung immer weiter beschleunigt. Sie wissen auch, dass dies nicht natürlich bedingt ist. Die Entwicklung geht viel zu schnell vonstatten, als dass sie Teil eines atmosphärischen Zyklus sein könnte, und es hat keine Naturereignisse gegeben, etwa einen Vulkanausbruch, die dies ansonsten erklären könnten.

Das Phänomen der Erderwärmung ist hauptsächlich darauf zurückzuführen, wie Menschen Energie und Nahrung produzieren. Diese Aktivitäten verursachen Gase, bekannt als Treibhausgase, und zwar in größeren Mengen, als die Natur absorbieren kann. Der Großteil dieser nicht absorbierten Gase verbleibt daher in der Atmosphäre, wo sie einen Teil der Hitze aus der Sonneneinstrahlung speichern. Das ist der Treibhauseffekt. Aus diesem Grund ist die durchschnittliche globale Oberflächentemperatur heute um 1,1° C höher als noch vor 200 Jahren. Das mag wenig erscheinen, tatsächlich ist die Durchschnittstemperatur jetzt aber höher als je zuvor in den letzten 3 Millionen Jahren.

Der Temperaturanstieg verursacht bereits viele Probleme. Das Artensterben nimmt zu, vor allem in den Ozeanen, die sich schneller erwärmen als das Festland. Berge bröckeln, weil das Eis, das sie zusammenhält, schmilzt. Die Ernteerträge mancher landwirtschaftlichen Produkte sinken. Gletscher verschwinden und Wälder sterben. Stürme nehmen an Häufigkeit zu, die Anzahl der Waldbrände steigt, und Dürren halten immer länger an. Der Permafrost in Kanada und Sibirien schmilzt und setzt dabei Gase frei, die seit zigtausend Jahren im Eis eingeschlossen waren. Freigesetzt werden auch tödliche Milzbrandsporen, die bereits Rentierherden und Menschen in der näheren Umgebung infiziert haben.

Der schmelzende Permafrost und zerfallende Wälder verstärken das Problem der Erwärmung sogar noch weiter, weil die von ihnen freigesetzten Gase ebenfalls Treibhausgase sind. Da die Gletscher und Polkappen schmelzen, wird weniger Wärme in den Weltraum zurückreflektiert. Auch dadurch heizt sich die Erde auf.

Wenn die Konzentration der Treibhausgase im aktuellen Tempo weiter steigt, wird die Welt Mitte der 2030er-Jahre einen katastrophalen Kipp-Punkt erreichen. Sobald dieser Kipp-Punkt überschritten wurde, ist die Erwärmung nicht mehr zu kontrollieren. Die Durchschnittstemperatur wird dann Mitte des Jahrhunderts ihren höchsten Stand seit 10 Millionen Jahren erreicht haben. Bis 2100 wird die Erde auf eine Temperatur zusteuern, die so heiß ist wie vor 45 Millionen Jahren.

Denken Sie darüber nach, wie der Planet vor 45 Millionen Jahren aussah. Es gab kein Eis und nur sehr wenige Lebewesen außer Fischen, Eidechsen und Insekten. Wir sagen nicht, dass die Welt 2100 so aussehen wird. Es wird Jahrhunderte dauern, bis der Temperaturanstieg die Erde wieder in den Zustand zurückversetzt, in dem sie einst war. Doch sobald diese Kettenreaktion beginnt, werden viele Teile des Planeten bereits in der zweiten Hälfte dieses Jahrhunderts unbewohnbar sein. Das wird übrigens auch dann der Fall sein, wenn alle Bedingungen des Pariser Klimaabkommens von 2015 erfüllt werden. Was bisher von der Staatengemeinschaft als Maßnahmen gegen den Klimawandel vereinbart wurde, wird diese Katastrophe weder verhindern noch um auch nur eine Sekunde verzögern.

Natürlich ist vielen Menschen klar, dass es ein Klimaproblem gibt, doch ihnen ist vielleicht nicht konkret bewusst, wie groß und dringlich es tatsächlich ist. Viele Menschen bemühen sich bereits sehr um mehr Nachhaltigkeit. Sie kaufen Elektroautos, recyceln ihre Abfälle, meiden Plastikverpackung, fliegen weniger und investieren in fossile Energien. Grüne Gruppen auf der ganzen Welt bemühen sich ebenfalls sehr und drängen Regierungen und Unternehmen, in erneuerbare Energien zu investieren.

Es mag schwer zu verstehen sein, doch alle diese Bemühungen werden keine auch nur annähernd ausreichende Veränderung bewirken. Trotz der guten Absichten sind Aktivitäten in diesem Ausmaß zu klein, um das aufzuhalten, was mit dem Planeten geschieht.

Das Ausmaß des Klimaproblems ist so groß, dass selbst wenn Hunderte Millionen von Menschen zu 100 Prozent nachhaltig lebten und absolut keine Treibhausgase verursachten, es nicht genug wäre, um den Kipp-Punkt zu verhindern.

Das wesentlichste Treibhausgas ist Kohlendioxid (CO_2). Vor Beginn der Industriellen Revolution im 19. Jahrhundert betrug die CO_2-Konzentration in der Atmosphäre rund

280 ppm (parts per million – Teile pro Million). Auf diesem Niveau hatte sie sich schon seit Hunderttausenden von Jahren bewegt. Als die Menschen jedoch anfingen, fossile Brennstoffe zu verfeuern, begann die CO_2-Konzentration zu steigen.

Im Jahr 2020 war sie mit 416 ppm um fast 50 Prozent höher, und sie steigt weiter exponentiell um 3 ppm pro Jahr. Der Kipp-Punkt, den die Menschheit (um jeden Preis!) vermeiden muss, ist ab Beginn der Kettenreaktion dann erreicht, wenn die Konzentration 450 ppm beträgt. Dies ist das Niveau, ab dem die Erde allmählich in einen Zustand wie vor mehr als 45 Millionen Jahren zurückversetzt wird, zu jenem Zeitpunkt, als die CO_2-Konzentration zuletzt bei 450 ppm lag. Das ist in weniger als 15 Jahren.[6]

Wenn die Menschheit so verblendet ist, dass sie dies geschehen lässt, werden die großen Wälder auf der ganzen Welt zusehends sterben, und das Eis an den Polen wird noch schneller schmelzen. Gebirgsgletscher und Korallenriffe werden verschwinden. Die globalen Temperaturen werden über Jahrhunderte stetig und unkontrollierbar steigen. Der Großteil des Planeten wird letztlich unbewohnbar sein, und bis zu 95 Prozent der menschlichen Bevölkerung werden sterben.[7]

Wie kann die Weltgemeinschaft das verhindern?

Wenn Leute erfahren, was da passiert, lautet ihre erste Frage meist: »Was kann ich tun?« Diese Frage werden wir am Ende dieses Buches ausführlich beantworten. Zunächst nehmen wir jedoch an, dass Sie in der reichen Welt leben. Was würde passieren, wenn Sie einen Weg fänden, um 100 Prozent emissionsfrei zu leben? Wir reden hier nicht davon, dass Sie sich einen Tesla zulegen und weniger fliegen. Wir reden davon, dass Sie autark leben, Ihr Auto verkaufen, sich vegan ernähren und alles tun, um Ihren Beitrag zur Luftverschmutzung auf null zu reduzieren. Sagen wir, Sie fangen gleich morgen damit an. Was für Auswirkungen hätte das im Lauf eines Jahrzehnts?

Ihre Opfer würden den Beginn der Kettenreaktion um eine Fünftelsekunde verzögern.

Selbst wenn jeder Einzelne in Europa – alle 510 Millionen Menschen (die Bevölkerung der 28 EU-Staaten im Jahr 2020) – morgen die große Erleuchtung hätte und das ganze nächste Jahrzehnt ohne schädliche Emissionen lebte, würde dies den Beginn der Klimakatastrophe um nur 15 Monate verzögern. Warum? Weil Europa nur 10 Prozent der Emissionen verursacht. Wenn diejenigen, die für die übrigen 90 Prozent verantwortlich sind, so weitermachen wie bisher, wären die Anstrengungen Europas nicht groß genug, um die Erwärmung zu stoppen. Sie würden sie nur für kurze Zeit hinauszögern.

Und auch das nur, wenn man die enormen CO_2-Emissionen aus den Waldbränden in Kalifornien, Russland, Griechenland, Australien und anderswo außer Acht lässt. Ebenfalls nichts berücksichtigt sind darin die N_2O-Emissionen aus Überdüngungen, noch die steigenden Methanemissionen aus aufgelassenen Kohlebergwerken und Mülldeponien. Obwohl diese Gase in viel geringeren Mengen ausgestoßen werden als CO_2, haben sie einen bis zu 300-fach stärkeren Erwärmungseffekt.

Bedenkt man also das enorme Ausmaß des Problems, wird einem klar, dass das Handeln einzelner Personen nichts ausrichten kann, was tatsächlich etwas ändern würde, genauso wenig wie die Umstellung aller Autos auf Elektromotoren oder die Schließung aller Kohlekraftwerke in Europa und Nordamerika auch nur annähernd ausreichend wäre. Nur wenn auch China, Russland, Japan, Indien und Australien zusammen mit Nordamerika und Europa mitziehen, kann das Tempo der Erwärmung schnell genug verlangsamt werden.

Die Menschheit glaubt, die Gesetze der Chemie auf planetarischer Ebene ignorieren zu können. Das kann und wird nicht funktionieren.

Gleichzeitig ist es wichtig zu verstehen, dass die Menschheit den Klimawandel nicht vollständig aufhalten kann, zumindest nicht innerhalb eines zeitlichen Rahmens, der für die meisten von uns vorstellbar ist. Alles, was wir tun können, ist, dafür zu sorgen, dass die Erderwärmung nicht außer Kontrolle gerät. Und selbst dann werden die globalen Temperaturen – aufgrund von Verzögerungen im atmosphärischen System und der Freisetzung von Gasen aus Waldbränden, Bergwerken, Mülldeponien, Böden und unter dem arktischen Permafrost – viele Jahre lang weiter steigen.

Was also können wir tun?

Die einzige Möglichkeit zur Verhinderung der Katastrophe besteht darin, dass jeder Mensch seine Treibhausgasemissionen um mindestens 7 Prozent pro Jahr senkt.[8] In der Praxis bedeutet dies innerhalb von drei Jahren 20 Prozent weniger Autos, 20 Prozent weniger Flugzeuge, 20 Prozent weniger Kohlekraftwerke und 20 Prozent weniger Schiffe. In den darauffolgenden drei Jahren müssen diese um weitere 20 Prozent reduziert werden. Und je länger mit diesen Maßnahmen gewartet wird, desto kräftiger müssen die Senkungen ausfallen. Denn bis 2030 müssen wir erreicht haben, dass die Treibhausgasemissionen mindestens 60 Prozent niedriger sind als heute.[9] Im Jahr 2040 müssen sie null betragen. Die Menschheit muss auch die Art und Weise ändern, wie sie Nahrungsmittel anbaut, und sämtliche Entwaldung stoppen. Sie muss Tausende von Anlagen zur CO2-Abscheidung und -Speicherung errichten und sie jahrzehntelang unter Volllast betreiben, um die CO2-Konzentration in der Atmosphäre wieder auf ein sichereres Niveau zu senken. Selbst dann, selbst wenn wir all das tun, hat die Menschheit kaum mehr als eine 50:50-Chance, die Kettenreaktion zu verhindern.

Und nur um das klarzustellen: Wenn wir von der Reduzierung der Emissionen auf null sprechen, meinen wir nicht »netto null«, wie dies von manchen Fossil-Unternehmen, Fluggesellschaften und Regierungen so hübsch vorgerechnet wird. Der Versuch, Emissionen irgendwie zu »kompensieren«, etwa durch das Pflanzen von Bäumen, die erst jahrzehntelang wachsen müssen, reicht nicht annähernd aus, um die bereits begonnenen Erwärmungsprozesse aufzuhalten, genauso wenig wie Sport die Auswirkungen von täglich 20 Zigaretten aufheben kann, wenn jemand mit Lungenkrebs diagnostiziert wurde.

Wenn wir gefragt werden, was man denn tun könne, lautet unsere Antwort daher: »Der einzelne Mensch allein kann nichts tun. Alle müssen sich ändern.« Als einzelne Person können Sie lediglich ein Exempel statuieren – ein Vorbild sein, dem andere folgen sollten. Und vor allem müssen Sie andere davon überzeugen, dass auch sie sich ändern sollten. Mehr dazu später.

Im Moment lautet die Botschaft: Um eine Katastrophe zu verhindern, müssen nahezu alle Menschen ihre Lebensweise umstellen, und das dringend, ob es gefällt oder nicht. Umweltverschmutzende Unternehmen – Fossilenergie- und Zementunternehmen – müssen so schnell wie möglich stillgelegt, die meisten Flüge dauerhaft gestrichen und Fahrzeugnutzungen jeglicher Art drastisch eingeschränkt werden. Die meisten Elektrofahrzeuge müssen außerdem zerlegt und recycelt werden, wenn sie ihre Batterien mit Strom aus Kohle-, Gas- oder Ölkraftwerken aufladen. Im Klartext: Die meisten von uns müssen ihre Lebensweise von Grund auf umkrempeln, unabhängig von den wirtschaftlichen und sozialen Folgen.

Ohne Änderungen in diesem Umfang hat es keinen Sinn, überhaupt etwas zu tun. Wenn Sie und Ihre Familie auf vegane Ernährung umstellen, wird das die Menschheit nicht mehr retten. Dafür sind die bereits in Gang gesetzten atmosphärischen Veränderungen schon viel zu weit fortgeschritten.

Was auch immer geschieht, einen Übergang zu einem anderen System der menschlichen Entwicklung wird es auf jeden Fall geben, ob in der Form, wie wir in diesem Buch vorschlagen, oder in einer anderen, konfliktreicheren und chaotischeren Form. Es wird nicht mehr lange dauern, bis die Mängel und das Versagen des aktuellen Systems, die Auswirkungen der Klimaveränderungen und die vielen anderen Umweltprobleme des Planeten zusammenkommen und einen Wandel erzwingen werden.

Die Position, in die sich die Menschheit hineinmanövriert hat, ist ernst, aber noch nicht hoffnungslos. Covid-19 kommt uns da zu Hilfe.

Was hindert die Menschheit daran, sich zu verändern?

Covid-19 hat gezeigt, dass die notwendige Transformation tatsächlich möglich ist. Es ist tatsächlich möglich, Emissionen zu senken, die Luftfahrtindustrie zu schließen, die Fahrzeugnutzung zu reduzieren und die Menschen finanziell zu unterstützen. Mit unterschiedlichem Erfolg zwar – einigen Ländern ist dies besser gelungen als anderen – und natürlich zu horrenden wirtschaftlichen Kosten. Auch der Druck, wieder zur »Normalität« zurückzukehren und die »wirtschaftliche Gesundheit« des Landes über die Gesundheit der Menschen zu stellen, war und ist immens, und wohl nur die wenigsten werden ihre Lockdown-Erfahrungen ein weiteres Mal wiederholen wollen. Aber das Virus hat uns gezeigt, dass Umstellungen im erforderlichen Umfang machbar sind.

Zur Bewältigung der Klimaproblematik müssten die Umstellungen natürlich noch größer und vor allem von Dauer sein. Es braucht einen tiefgreifenden strukturellen Wandel. Bis Covid-19 herrschte jedoch die weitverbreitete Überzeugung, dass radikale Veränderungen und drastische Emissionssenkungen finanziell attraktiv sein müssten. Covid-19 hat den Gegenbeweis geliefert.

Das Problem ist, dass sich die Mär der Notwendigkeit fossiler Brennstoffe weiterhin hartnäckig hält. Die meisten Menschen glauben, dass der Übergang in eine Welt ohne fossile Energie schrittweise über Jahrzehnte vollzogen werden kann. Die Kohle-, Öl- und Gasunternehmen sehen sogar einen noch längeren Zeitraum vor. Sie gehen davon aus, dass 70 Prozent der im Jahr 2040 verwendeten Energie fossiler Herkunft sein werden, und dass sie bis in die zweite Hälfte des Jahrhunderts weiter ihr profitables Unwesen treiben können. Solange es keine alternativen Energiequellen gibt, die genauso gut funktionieren, und das zu vergleichbaren Kosten, wird eine schnellere Umstellung für unmöglich gehalten. Deshalb werden weiterhin fossile Brennstoffe verfeuert, in der Hoffnung, dass der Preis für erneuerbare Energien irgendwann sinkt und die Investitionen folglich steigen.

Damit entscheiden sich die Gesellschaften jedoch dafür, die Atmosphäre zu schädigen, statt sich zu verändern. Sie wollen weder auf eine Energiequelle umsteigen, die teurer und weniger bequem ist, noch von ihrer als »normal« empfundenen Lebensweise abrücken.

Das zentrale Problem des Klimawandels ist daher gesellschaftlicher Natur. Die menschliche Gesellschaft zieht es vor, die Klimaproblematik nicht zu lösen. Stattdessen setzt sie noch mehr Gase frei. Es ist ein Problem der Einstellung, nicht der Technologie. Die Überzeugungen der Menschheit sind es, die das Haupthindernis für Veränderungen sind.

Nur wenn sich das Denken ändert, kann der Klimawandel unter Kontrolle gebracht und die zunehmende Umweltzerstörung gestoppt werden. Auch ohne eine billige alternative Energiequelle muss die Menschheit aufhören, Gase zu erzeugen, und einen weniger destruktiven Weg wählen. Doch den meisten Menschen, auch vielen in der Regierung, ist weisgemacht worden, dass dies nur dann möglich sei, wenn es »wirtschaftlich vertretbar« ist. Covid-19 hat jedoch bewiesen, dass es durchaus möglich ist, die Produktion zu senken, Reisen drastisch zu reduzieren und unsere Lebensweise von einem Tag auf den anderen umzustellen. Es ist also machbar. Es ist sogar bereits geschehen.

Die Ursachen für die menschliche Mentalblockade wurzeln darin, wie wir unseren Daseinszweck, die Freiheit des Einzelnen und Demokratie verstehen.

Der übermächtige Glaube an irrige Anschauungen

Seit Jahrzehnten ist das, was moderne Gesellschaften geschätzt – und woran sie ihren »Fortschritt« bemessen haben – nicht etwa Verbesserungen des Lebensstandards oder des menschlichen Wissensstands. Sondern Wirtschaftswachstum. Alle Bemühungen waren darauf ausgerichtet, das Bruttoinlandsprodukt (BIP) zu steigern. Man ging von der Annahme aus, dass dies das Allgemeinwohl verbessern, Ungleichheiten verringern und zu mehr Wohlstand für alle führen würde. Das war aber eben nur eine Annahme. Und wie es sich herausgestellt hat, ist sie weitgehend falsch.

In den letzten Jahrzehnten hat sich der Lebensstandard für Millionen von Menschen nicht verbessert, vielmehr haben sich die Ungleichheiten verstärkt, trotz jeder Menge

Wirtschaftswachstum. Das trifft auch auf die meisten armen Länder zu. Zwar sind Millionen von Menschen in den letzten 30 Jahren aus extremer Armut befreit worden, doch die meisten von ihnen sind nach wie vor sehr arm. Mehr als 90 Prozent leben immer noch von weniger als 10 Dollar pro Tag, und die Kluft zwischen der reichen und der armen Welt ist heute dreimal so groß wie noch im Jahr 1820.[10]

Warum also diese Fixierung auf die Steigerung des BIP?

Fast 30 Jahre lang nach dem Ende des Zweiten Weltkriegs genoss der Großteil der reichen Welt ein hohes Wirtschaftswachstum. Gleichzeitig verbesserte sich der durchschnittliche Lebensstandard deutlich. Dies ermöglichte es Ökonomen zu behaupten, dass die beiden Faktoren zusammenhängen. Doch die Realität ist nicht ganz so einfach.

Das hohe Wirtschaftswachstum ab den späten 1940er-Jahren bis Mitte der 1970er-Jahre war zum Teil eine Folge des Krieges. Länder mussten wieder aufgebaut werden, und bedingt durch den niedrigen Ausgangswert waren die prozentualen Wachstumsraten naturgemäß hoch. Gleichzeitig verbesserten sich die Lebensstandards. Aber das lag nicht bloß am steigenden Bruttoinlandsprodukt. Es war im hohen Maß das Ergebnis staatlicher Investitionen in Gesundheit, Infrastruktur und Wohlfahrt, vor allem in Europa.

Der Zusammenhang zwischen Wirtschaftswachstum und steigendem Wohlstand ist also nicht so direkt gegeben, wie dies von vielen Ökonomen behauptet wurde und immer noch wird. Nicht immer führt das eine zum anderen. Dies wird in Zukunft deutlicher erkennbar werden, wenn Städte aufgrund steigender Meeresspiegel von den Küsten wegverlagert werden müssen, Armeen den Zustrom von

Migranten zu kontrollieren versuchen und von Waldbränden zerstörte Häuser wieder aufgebaut werden müssen. All diese Aktivitäten werden viel Wirtschaftswachstum bescheren, aber keine davon wird den Lebensstandard verbessern.

Im Übrigen ist es durchaus möglich, den durchschnittlichen Lebensstandard ohne Wirtschaftswachstum anzuheben. Regierungen können Geld drucken und es Bedürftigen geben, oder sie können Reichtum umverteilen, indem sie die Reichen besteuern und das Geld den Armen geben.

Zwei weitere ökonomische Konzepte, die im Namen der Wohlstandssteigerung propagiert worden sind, hatten weitaus schädlichere Folgen.

Das eine Konzept war, dass Märkte minimal reguliert werden sollten. Dies wurde von Ökonomen und Unternehmern als schlicht gesunder Menschenverstand präsentiert – etwas, was offensichtlich und logisch ist. Wenn Unternehmen frei von staatlicher Bürokratie sind, so ihr Tenor, kann die Wirtschaft schneller wachsen.

Diese Idee ist mittlerweile so weitverbreitet, dass keiner mehr darüber nachdenkt, dass sie jeder logischen Grundlage entbehrt. Es gibt keinen natürlichen oder logischen Grund, weshalb die elementare menschliche Tätigkeit des Kaufens und Verkaufens von Waren und Dienstleistungen weniger reguliert sein sollte als andere Tätigkeiten. Dennoch haben Ökonomen argumentiert, dass die Kontrolle über diese Geschäftsprozesse der »unsichtbaren Hand« überlassen werden sollte, unter Verweis auf den im 18. Jahrhundert lebenden schottischen Historiker und Philosophen Adam Smith (der kein Ökonom war). Diese unsichtbaren Kräfte des Marktes und das Streben jedes Einzelnen nach dem bestmöglichen Ergebnis sei alles, was man brauche, um das bestmögliche Ergebnis für alle zu gewährleisten, so die Ökonomen.

Das ist aber nicht das, was Adam Smith gesagt hatte. Mit der unsichtbaren Hand bezog sich Smith nicht darauf, wie Handel funktioniert oder wie Märkte reguliert werden sollten. Er bezog sich auf das seiner Meinung nach natürliche menschliche Bestreben, anderen zu helfen. In Fragen des Handels gab Smith zu bedenken, dass zu wenig Regulierung Geschäftsleute dazu bringen würde, im Namen der Wirtschaft ihre eigenen Gewinne auf Kosten der Gesellschaft zu maximieren.

Smith war der Ansicht, dass Geschäftsleute reguliert werden müssten, weil sie eine Tendenz hätten, sich gegen die Öffentlichkeit zusammenzutun: »Geschäftsleute des gleichen Gewerbes kommen selten, selbst zu Festen und zur Zerstreuung, zusammen, ohne daß das Gespräch in einer Verschwörung gegen die Öffentlichkeit endet oder irgendein Plan ausgeheckt wird, wie man die Preise erhöhen kann.«[11] Wenn Geschäftsleute Vorschläge zu neuen Handelsbestimmungen machten, sollte man diesen stets mit großer Vorsicht begegnen, so Smith. Immerhin seien diese »in der Regel viel mehr daran interessiert, die Allgemeinheit zu täuschen, ja, sogar zu mißbrauchen«.[12]

Moderne Ökonomen haben sich das, was Smith damals sagte, für ihre eigenen Zwecke neu zurechtgelegt (auf die Gründe dafür gehen wir später noch ein). In der Realität spricht nur sehr wenig dafür, dass minimal regulierte Märkte, gesteuert von einer Art überirdischen, unsichtbaren Kraft, den langfristigen Interessen der Gesellschaft dienen. Es gibt keinen Beleg dafür, dass dies für die Mehrheit der Menschen zum besten Ergebnis führt.

Vielmehr scheint das Gegenteil der Fall zu sein: Zu wenig Regulierung fördert umweltschädigendes und unethisches Geschäftsverhalten, das auf kurzfristige Gewinne abzielt – mithin Aktivitäten, die im Allgemeinen nicht im langfristigen Interesse der Gesellschaft liegen. Trotzdem hat sich die Vorstellung, dass Märkte nur leicht reguliert werden sollten, so tief verfestigt, dass sie kaum mehr infrage gestellt wird.

Die zweite verheerende Grundidee des gegenwärtigen Wirtschaftssystems ist, dass unbeabsichtigte Folgen ignoriert werden sollen. Wenn Familien auseinandergerissen werden, weil Unternehmen ihre Produktionsstandorte verlagern, oder Menschen dadurch plötzlich vor dem Nichts stehen, ist das für Geschäftsleute und Unternehmen nicht von Belang. Wenn die Natur im Streben nach mehr Wirtschaftswachstum geschädigt, verschmutzt oder zerstört wird, ist das ebenfalls zu ignorieren. Ökonomen machen uns weis, dass die Zerstörung von Existenzgrundlagen, lokalen Gemeinwesen und der Natur als »Externalität« zu betrachten ist, als eine unbeabsichtigte Folge, ähnlich wie man Lungenkrebs als unbeabsichtigte Folge des Rauchens betrachten möge. Das übergeordnete Ziel eines Unternehmens bestehe darin, die Produktion zu maximieren und kurzfristige Gewinne zu steigern. Es liege nicht in der Verantwortung von Unternehmen, Natur oder Menschen zu schützen. Das sei die Verantwortung der Regierungen.

Dies ist eine geradezu spektakuläre Form von manipulativer Doppelzüngigkeit. Zuerst halten Unternehmen die

Regierungen dazu an, möglichst nichts zu regulieren. Die Folgen dieser zu geringen Regulierung laden sie dann auf ihnen ab. Anschließend wird ihnen vorgeworfen, sie seien unfähig, Mensch und Natur zu schützen, und so entsteht ein Teufelskreis, der die Glaubwürdigkeit des Staates kontinuierlich unterminiert und den Markt in einen nahezu geheiligten, unantastbaren Status erhebt. Dies führt auch dazu, dass Arbeitnehmer als kaum mehr als Rädchen in einer Maschinerie und die Natur lediglich als Quelle für Rohstoffe und somit potenziellen Reichtum wahrgenommen werden.

Die Förderung dieser folgenschweren Ideen macht natürlich Sinn für all jene, denen es bloß um kurzfristige Gewinnmaximierung geht. Dabei handelt es sich um eine kleine, wohlhabende Elite. Und diese kleine, wohlhabende Elite nutzt diese Denkweise, um ihre Handlungen zu rechtfertigen, auch wenn sie damit ein existenzielles Problem für alle schafft. Es ist dieses Glaubenssystem, das es den Bossen an der Spitze von Fossilenergie-Unternehmen weltweit ermöglicht, ihre verheerenden Aktivitäten weiter zu betreiben, ohne dass sie dafür strafrechtlich wegen wissentlicher Zerstörung des chemischen Gleichgewichts des Planeten verfolgt werden. Die Katastrophe, die diese Menschen verursachen, gilt eben als Externalität, weshalb sie darüber weder Rechenschaft ablegen müssen noch zur Verantwortung gezogen werden.

Es ist dieses Streben nach immer höheren kurzfristigen Gewinnen, ohne über die langfristigen sozialen Folgen nachzudenken, die es möglich machen, dass immer mehr Flughafenterminals entstehen, immer mehr Autos verkauft werden und immer mehr Kreuzfahrtschiffe die Ozeane durchqueren (bis zum Aufkommen von Covid-19), ungeachtet der hohen Verschmutzung, die diese Aktivitäten verursachen. Für diejenigen, die immer höhere Gewinne anstreben, sind schmelzende Eiskappen sogar eine feine Sache, eröffnen sich dadurch doch Chancen auf neue Schifffahrtsrouten, genauso wie sich durch die katastrophalen Waldbrände in Australien und Kalifornien Chancen für die Bauindustrie auftun.

Diese gefährlichen Überzeugungen sind die Ursachen für die Probleme, mit denen wir nun alle konfrontiert sind. Um immer mehr Wirtschaftswachstum zu erreichen, müssen immer mehr Rohstoffe eingesetzt werden. Für den Abbau und das Raffinieren dieser Rohstoffe wird immer mehr Energie benötigt. 80 Prozent dieser Energie wird immer noch aus fossilen Energieträgern gewonnen und verursacht damit jene Verschmutzung, die das Klima weltweit verändert.

Das ewige Streben nach Wirtschaftswachstum ist daher die direkte Ursache des Klimawandels.

Um das Tempo der globalen Erwärmung zu verlangsamen, muss die Menschheit diese Vorstellungen über Bord werfen. Bis es so weit ist, sind wir, in den Worten des Wirtschaftshistorikers Richard Smith, »alle an Bord des Hochgeschwindigkeitszugs einer gierigen und immer heftigeren Plünderung und Verschmutzung. Während unsere Lokomotive auf die Klippe des ökologischen Zusammenbruchs zurast, kreisen die Gedanken unserer Anführer nur darum, wie sie diese Lokomotive noch stärker befeuern können, um noch schneller dort zu sein. Wir sind zum kollektiven Selbstmord verdammt – und wenn auch noch so viel am

Markt herumgeflickt wird, hilft das nichts, um die Fahrt in den globalen Umweltkollaps zu bremsen.«[13]

Anstatt Wachstum zu fördern, muss die Menschheit im Einklang mit der Natur leben, unabhängig davon, was dies kurzfristig im Hinblick auf Arbeitsplatzverluste oder Unternehmensschließungen bedeutet. So schrecklich Covid-19 auch ist: Es hat der Menschheit gezeigt, dass die nötigen Umstellungen tatsächlich machbar sind. Es hat gezeigt, dass es machbar ist, ganze Sektoren innerhalb kürzester Zeit stillzulegen und davon betroffene Menschen aus staatlichen Mitteln zu bezahlen. Es hat gezeigt, dass es machbar ist, die Treibhausgasemissionen innerhalb kürzester Zeit zu reduzieren. Natürlich waren die wirtschaftlichen Folgen – die »Externalitäten« – der virusbedingten Maßnahmen katastrophal. Es kam zu sozialen Unruhen, Menschen demonstrierten auf den Straßen, und viele Menschen litten psychisch darunter. Internationale politische Spannungen verstärkten sich.

Doch all diese Schwierigkeiten haben der Menschheit auch gezeigt, worauf sie sich konzentrieren muss, um das rasante Tempo des Klimawandels zu verlangsamen. Sie haben aufgezeigt, wie schwierig es sein wird, alle unnötigen und umweltschädlichen Industrien komplett stillzulegen. Sie haben aufgezeigt, wie schwierig es sein wird, Hunderte Millionen von Menschen finanziell zu unterstützen.

Covid-19 hat uns vor Augen geführt, wie viel wir investieren müssen, damit die nötigen Umstellungen gelingen. Es hat klargemacht, dass wir einen radikal anderen Weg beschreiten können, dieser aber nicht einfach sein wird.

Bisher war den meisten nicht klar, womit wir es zu tun haben. Weder haben sie verstanden, welche Folgen die Schließung ganzer Industrien haben würden, noch war ihnen bewusst, wie vehement sich diejenigen wehren würden, die am Status quo festhalten wollen. All das ist jetzt klar geworden. Das ist bereits ein riesiger Schritt in die richtige Richtung.

Die Tücken der sogenannten Demokratie

Eine weitere Mentalblockade der Menschheit hat mit dem derzeit vorherrschenden Demokratieverständnis zu tun. Dabei geht es nicht nur darum, dass das System Komiker, Reality-TV-Stars und einstige Filmstars an die Macht wählt – Menschen, die für ihre Aufgaben keinerlei Qualifikation besitzen. Oder dass das System durch den Einfluss von Großkonzernen und vermögenden Privatpersonen in vielen Ländern korrumpiert worden ist. Vielmehr geht es darum, dass moderne Gesellschaften gar nicht mehr wissen, was Demokratie eigentlich bedeutet.

Demokratie bedeutet »Herrschaft durch das Volk«. Nicht Herrschaft durch Vertreter des Volkes. Das mag als kleiner Unterschied erscheinen, ist es aber nicht. Im antiken Griechenland, wo die Demokratie ihren Ursprung nahm, wurde die Gesellschaft nicht von einer kleinen Anzahl gewählter Vertreter gelenkt. Sondern von einer großen Gruppe politisch engagierter Bürger. Die Griechen setzten nicht bloß alle paar Jahre ein Kreuzchen auf einem Zettel, um sich dann zurückzulehnen und die gewählten Personen zu kritisieren. Tatsächlich war es so, dass eine große Minderheit das Land regierte.

Moderne Demokratien unterscheiden sich in zweierlei Hinsicht von diesem ursprünglichen Konzept. Und zwar wesentlich. Erstens: Nahezu jeder kann gewählt werden. Zweitens: In den meisten Ländern dürfen nahezu alle Erwachsenen wählen.

Diese Unterschiede mögen als wertvolle Verbesserungen verstanden werden. Tatsächlich sind sie jedoch enorm hinderlich, wenn die Herausforderungen so groß und komplex sind wie jene des Klimawandels.

Moderne Demokratien wählen häufig Menschen, die nahezu gar nichts über die Angelegenheiten wissen, die sie zu entscheiden haben, mit Ausnahme dessen, was sie aus Zeitungen oder den sozialen Medien erfahren. Das trifft ganz besonders auf den Klimawandel zu. Über dessen Ausmaß und Dringlichkeit wissen viele Politiker nur sehr wenig Bescheid. Verschärft wird dies durch den Einfluss von Lobbyisten und wohlhabenden Sponsoren, vor allem in den USA. Statt sich auf die Bedürfnisse derjenigen zu konzentrieren, die sie gewählt haben, sowie auf die langfristigen Interessen der Gesellschaft insgesamt, agieren viele Politiker nur im Interesse derjenigen, die sie finanzieren – mithin der Großkonzerne und Reichen.

Zweitens hat das moderne demokratische System zur Folge, dass Regierungen nahezu keine Möglichkeit haben, die nötigen Änderungen einzuführen. Jede Regierung, die beschließen würde, umweltschädliche Unternehmen zu schließen und die persönliche Mobilität einzuschränken, würde bei nächster Gelegenheit abgewählt werden. Um die schädlichen Emissionen zu stoppen, muss die Mehrheit der Wähler die Umstellungen unterstützen, auch wenn die meisten das Ausmaß oder die Dringlichkeit des Problems nicht verstehen. Dazu kommt, dass die meisten für eine Veränderung stimmen müssten, die ihr Leben kurzfristig – zumindest in materieller Hinsicht – verschlechtern würde. Nur sehr wenige werden dazu bereit sein.

Radikale Veränderungen sind unabdingbar, wenn wir eine Katastrophe verhindern wollen. Genau das ist aufgrund des demokratischen Erfordernisses einer mehrheitlichen Zustimmung jedoch unmöglich. Das moderne Demokratieverständnis stellt daher eine für die nötigen Umstellungen nahezu unüberwindbare Hürde dar. Bis ausreichend viele Menschen erkannt haben, was tatsächlich notwendig ist – weil ihnen Stürme, Brände oder Überschwemmungen Angst und Schrecken eingejagt haben – wird das kritische Emissionsniveau mit größter Wahrscheinlichkeit bereits überschritten worden sein, und von da gibt es dann keinen Weg mehr zurück.

Mit dem Demokratieproblem verbunden ist auch die aktuelle Auffassung von Individualismus.

Zu Beginn der Covid-19-Krise lebten wir in Taiwan, und unsere Freunde sagten uns, sie könnten die Reaktion auf die Pandemie in Europa und den USA nicht verstehen. Es war ihnen schleierhaft, warum sich so viele Menschen dagegen wehrten, Regeln zum Wohle aller zu befolgen. Sie waren perplex angesichts von Berichten, dass Menschen sich weigerten, Gesichtsmasken zu tragen oder Abstand zu halten, obwohl das Virus außer Kontrolle geriet.

In Asien[14] war dem nicht so. Jeder hielt die Regelungen zum Wohle der Allgemeinheit ein, sodass vielerorts das Leben überwiegend weitergehen konnte wie zuvor. Es gab in Taiwan keinen Lockdown, da nur sehr wenige Menschen infiziert waren. Innerhalb weniger Monate gab es in Taiwan überhaupt keine lokal übertragenen Infektionen mehr. Die einzigen neuen Fälle betrafen Personen, die aus dem Ausland zurückkehrten; diese wurde am Flughafen identifiziert und unter Quarantäne gestellt. Während das Leben in weiten Teilen Ost- und Südostasiens also nahezu unverändert weiterging, hatten Amerika und Europa zu kämpfen. »Warum sind Europäer und Amerikaner so egoistisch?«, wurden wir gefragt.

Westlicher Individualismus – oder das, was der Westen unter Individualismus versteht – ist der Hauptgrund für dieses Verhalten. In weiten Teilen Europas und der USA sehen die meisten Menschen nicht die kollektiven Interessen der Gesellschaft, die es zu schützen gilt, weil es, so wie dies von der neoliberalen Ikone Margaret Thatcher propagiert wurde, »so etwas wie eine Gesellschaft nicht gibt«. So denkt man in Asien nicht.

Der Glaube an die Souveränität des Einzelnen verleitet Menschen zu der Denke, dass sie den Klimawandel stoppen können, indem sie ihre Einkaufs-, Reise- und Essgewohnheiten ändern. Er hat dazu geführt, dass sie sich persönlich für die Umweltprobleme der Welt verantwortlich fühlen, was vollkommener Unsinn ist. Wie wir noch erläutern werden, sind es multinationale Konzerne und der Finanzsektor, die nahezu ausschließlich für die Umweltprobleme der Menschheit verantwortlich sind. Sie werden jedoch nicht zur Rechenschaft gezogen, weil Ökonomen sagen, dass diese Unternehmen »nur« auf die Anforderungen des Marktes reagieren, und dieser bestehe eben aus Einzelpersonen.

Der extreme Individualismus in westlichen Gesellschaften wurde von jenen an den Schalthebeln der Macht (den

Großkonzernen und Reichen) auch deshalb gefördert, weil er die Gesellschaft als solche vollkommen atomisiert. Großkonzerne und Reiche können die Umwelt folglich nahezu ungehindert plündern, weil es niemanden gibt, der sie zur Rechenschaft zieht. Regierungen wurden angehalten, möglichst wenig zu regulieren, und Einzelpersonen, die allein handeln, können mangels Befugnisse nichts ausrichten.

Weil ihnen weisgemacht worden ist, dass jeder Mensch selbst für sein Leben, sein Glück, seine Erfolge und Misserfolge verantwortlich sei, sehen die wenigsten einen Grund, etwas zu tun, was anderen nutzen könnte. Das Einzige, was für sie zählt, ist ihr eigenes Ego; ihre Shoppinggelüste, ihre Instagram-Feeds, ihre »100 Dinge, die ich gemacht haben will, bevor ich den Löffel abgebe«. Jede Person verdiene es, etwas Besonderes zu sein, weil, in den Worten der Werbung, sie es sich »wert« seien, aus welchem unerfindlichen Grund auch immer.

Natürlich gibt es auch viele Menschen, die sich für das Wohl der Allgemeinheit engagieren. Sklavereibekämpfer, Suffragetten, Bürgerrechtsbewegungen und Black Lives Matter sind allesamt Beispiele dafür, wie Menschen aufbegehren, um Veränderungen herbeizuführen. In Deutschland haben Proteste enorm viel Druck gegen die Braunkohleindustrie gemacht. Doch all diesen Bewegungen zum Trotz, so gut gemeint und gerecht sie auch sind, läuft das System nahezu unverändert weiter wie zuvor.

Mehr als 150 Jahre nach dem Ende des amerikanischen Bürgerkriegs sind schwarze Leben wirtschaftlich, politisch und in den Gerichtssälen immer noch weniger gleich als weiße Leben. Mehr als ein Jahrhundert, nachdem sich die

Suffragetten in Großbritannien an Geländer und Gebäude ketteten, werden Frauen in nahezu jedem Land der Welt für dieselbe Arbeit immer noch weniger bezahlt als Männer.[15]

Antikriegsproteste werden seit Jahrhunderten geführt, etwa gegen den Zweiten Burenkrieg von 1899–1902, den Ersten und Zweiten Weltkrieg, den Vietnamkrieg und die Invasionen in Afghanistan 2001 und den Irak 2003. In einigen seltenen Fällen verkürzten sie die Dauer des Krieges. Doch trotz der Proteste werden Jahr für Jahr weiterhin Kriege geführt, mit Hunderttausenden von Toten und Vertriebenen. Nach Angaben der Weltbank haben die Konflikte seit 2010 drastisch zugenommen.[16] Langfristig haben Proteste gegen Kriege daher nur sehr wenig ausgerichtet.

Ähnlich ist es um die Umweltbewegung bestellt: Trotz der unermüdlichen Anstrengungen und Opfer so vieler Menschen über eine so lange Zeit geht es der Natur immer schlechter, das Klima ist eine einzige Katastrophe, und das Artensterben ist so massiv wie noch nie zuvor. Protestbewegungen in reichen Ländern gegen sauren Regen und Umweltverschmutzung haben lediglich zu technologischen Flickwerklösungen sowie zu einer Massenabwanderung verschmutzender Industrien in Länder geführt, in denen die Menschen nur wenig zu sagen haben und die Umweltstandards niedriger sind (wohlgemerkt: Es sind Menschen, die diese Entscheidungen getroffen haben, nicht irgendwelche anonymen Körperschaften).

Selbst der viel gepriesene Erfolg, dass sich das Ozonloch schließt, ist nicht ganz so der Bringer, als der er oft dargestellt wird. Das Loch ist zwar kleiner als 1982, aber immer noch sehr groß und wird auch in den kommenden Jahrzehnten ein Problem bleiben. Es gibt auch Bedenken, dass die Chemikalien, die als Ersatz für die Fluorchlorkohlenwasserstoffe (FCKW) – die Hauptursache für das Ozonloch – verwendet werden, zusätzliche Umweltschäden verursachen.

Manche verweisen zudem auf die erlösende Kraft der Philanthropie, der karitativen Wohltätigkeit reicher Gönner. Doch auch diese lässt es zu, dass sich Ungerechtigkeiten, Ungleichheiten und Gewalt weiter fortsetzen. Philanthropen wählen selbst aus, welche Zwecke sie unterstützen möchten, und übersehen dabei unzählige andere, die Hilfe dringender nötig hätten. Sie fördern häufig Wertvorstellungen und Lebenseinstellungen, die ihnen selbst erstrebenswert erscheinen. Mächtige Konzerne gründen ebenfalls Stiftungen oder finanzieren karitative Programme, die soziale Probleme zu überdecken versuchen und das Gewissen von Managern, Aktionären und Verbrauchern erleichtern.

Aufgrund dieser Philanthropie denken sich viele: »Die vielen Armen/die brennenden Regenwälder/die vermeidbaren Krankheiten in Bangladesch sind wirklich schlimm – aber Millionär X und Megakonzern Y finanzieren ja ein Schulprogramm für arme Kinder, es wird also eh etwas getan.« Karitative Spender knüpfen ihre Spenden zudem häufig an bestimmte Bedingungen – verstärkte Verwendung von Verhütungsmitteln zum Beispiel oder Übernahme der Werte oder Religion eines Landes. Während staatliche Institutionen einer öffentlichen Kontrolle unterliegen, gelten für das Philanthropie-Geschäft keine Vorgaben. Philanthropie und Wohltätigkeit sind lediglich ein Ersatz für die Übernahme sozialer Verantwortung und behindern daher die Umgestaltung der Gesellschaft in eine solche, in der es diese Probleme nicht mehr gibt.

Darüber hinaus setzen sich Philanthropen selten für soziale Gerechtigkeit oder Reformen ein. Ihre Aktionen beruhen in der Regel vielmehr auf der Akzeptanz von Ungerechtigkeiten, großteils deshalb, weil ihr Reichtum durch diese Ungerechtigkeiten überhaupt erst möglich wurde. Es mag ja lobenswert sein, wenn Philanthropen wie Bill Gates, Mark Zuckerberg, David Koch, Peter Thiel und ihre Koterie versuchen, das Leben von Menschen zu verbessern, indem sie Medikamente liefern, Forschungsarbeiten fördern, Schulen finanzieren oder Arme mit Wasser versorgen. Aber der Großteil ihrer Gelder fördert westliche Vorstellungen von Fortschritt und Entwicklung – und das oft ganz unverhohlen. Reiche Menschen und ihre Wohltätigkeitsorganisationen schwingen sich dazu auf, Gott spielen zu dürfen und zu entscheiden, was ihrer Förderung würdig ist – ohne ihr Tun gegenüber der Gesellschaft rechtfertigen zu müssen. Echte Bedürftigkeit sollte aber nicht von Almosen nach Lust und Laune der Reichen abhängig sein.

Durch Forcierung des Individualismusgedankens in der Wirtschaft ebnen die Reichen der Welt auch den Weg für minimale Regulierung. Unternehmen zu regulieren sei nicht sinnvoll, so ihre Argumentation, da Unternehmen Sklaven der Nachfrage des Marktes und Geisel des irrationalen Verhaltens von Verbrauchern seien. Es sind die Verbraucher, die niedrige Benzinpreise fordern, die zu Ölverschmutzungen führen, die Meeresvögel töten, sagen sie. Es sind die Verbraucher, die aus Bequemlichkeit Kaffeebecher verlangen, die nicht recycelt werden können. Es sind die Verbraucher, die Handys mit Batterien verlangen, die nicht ausgetauscht werden können, sodass sie alle paar Jahre ein neues Telefon kaufen müssen. Das ist natürlich Unsinn. Es sind nicht die Menschen, die diese Dinge verlangen. Es sind die Unternehmer, die höhere Gewinne verlangen.

Indem sie Menschen in dem Glauben bestärken, dass diese selbst wissen und entscheiden sollten, was für sie das Beste ist, und sogar wissenschaftliche Beweise als bloß eine weitere Meinung unter vielen betrachten sollen, so, wie dies vor allem im englischsprachigen Raum geschieht, werden die Experten im modernen Glaubenssystem effektiv mundtot gemacht. Weil also die Stimmen der Informierten von der schlecht oder falsch informierten Mehrheit übertönt werden, können große Unternehmen ungehindert ihre eigenen Interessen verfolgen.

Infolgedessen wird der Wert jener Personen, die Zeitungsbeiträge schreiben, in sozialen Medien posten, YouTube-Videos hochladen oder Fernsehshows moderieren, nicht daran bemessen, wie fundiert oder klug sie sich äußern, sondern wie unverschämt und kontroversiell sie sich geben. Je mehr Clicks, Traffic und Likes sie generieren, desto höhere Werbeeinnahmen bringen sie ein, und desto mehr Gewicht bekommen folglich ihre Meinungen. Im Endergebnis werden also die obskuren Ansichten von irren Dummschwätzern oftmals ernster genommen als jene, die tatsächlich Wichtiges zu sagen hätten. Die Gleichstellung aller Meinungen hat die kommerzialisierte Verdummung der Massen ermöglicht, zu höchst erklecklichen Profiten obendrein.

Im Kontext des Klimawandels ist dies ein Riesenproblem, da die Stimmen derjenigen, die über die wissenschaftlichen Daten und Fakten sehr wenig oder gar nichts wissen, sowie derjenigen, die für das Leugnen der Wahrheit bezahlt werden, mit jenen gleichgestellt werden, die die Risiken sehr wohl verstehen. In den Worten von Richard Smith: »Durch Nutzung der Demokratie, um das Bewusstsein abzustumpfen, Selbstgefälligkeit zu nähren und Widerstand zu dämpfen, ist es (der Wirtschaft) gelungen, die liberale Demokratie in eine Zombie-Demokratie zu verwandeln, mit verheerenden Konsequenzen.«[17]

Über die Notwendigkeit, alles zu überdenken

Wenn Demokratien so funktioniert hätten, wie sie sollten, wären Klimawandel und Umweltzerstörung nicht zu derart existenziellen Problemen geworden. Die Erwärmung der Erde, die Verschmutzung der Meere und der Verlust so vieler Arten wären nicht ignoriert worden. Die Bürger wären ausreichend gut darüber informiert worden, was da abgeht, und große Unternehmen sowie die Reichen wären nicht in der Lage gewesen, die politischen Agenden zu ihrem eigenen kurzfristigen finanziellen Vorteil zu vereinnahmen. Die Stimme der grünen Bewegung wäre gehört worden, und die gewählten politischen Entscheider hätten im langfristigen Interesse aller gehandelt.

Moderne demokratische Systeme machen die Einführung von Gesetzen zur Verlangsamung des Klimawandels jedoch fast unmöglich. Die »Tyrannei der Massen« hat zur Folge, dass diejenigen, die über die Risiken Bescheid wissen, nicht erfolgreich auf Veränderung drängen können. Ihre Stimmen gehen in der Kakofonie der uninformierten und falschen Meinungen unter.

Der einzige Ausweg aus dieser Sackgasse besteht darin, das gesamte soziale, demokratische und wirtschaftliche System radikal zu überdenken und neu aufzustellen. Das bestehende System muss demontiert werden, damit ein globales Netz aus Regierungen des Volkes gewählt werden kann, dem eine Gruppe von Klimaexperten beratend zur Seite steht, und das schnellstmöglich die notwendigen Vorschriften einführt, um eine globale Katastrophe abzuwenden. Wie das erfolgen könnte, ist das Thema, mit dem wir uns im nächsten Teil des Buches befassen.

Neben der Bewältigung der Klimaproblematik müssen Regierungen auch die Art und Weise ändern, wie Gesellschaften über menschlichen Fortschritt und die Entwicklung der Menschheit denken. Eine ebenfalls riesige Herausforderung. Sie müssen einen Weg finden, der nicht im Streben nach endlosem Wirtschaftswachstum besteht und narzisstischen Individualismus fördert. Dies ist gar nicht so schwierig, wie es zunächst vielleicht erscheinen mag, denn nichts in den gegenwärtigen Weltanschauungen der Menschheit ist natürlich, fix und für die Ewigkeit in Stein gemeißelt.

Die Wertvorstellungen einer Gesellschaft sind auch kein Produkt des Zufalls. Sie entwickeln sich stetig im Lauf der Zeit. Dabei unterliegen sie Einflüssen, etwa durch die Kirche, Bildung, Politik und Medien, sowie durch kollektive persönliche Erfahrungen. Sie können auch manipuliert werden, wie dies in der ganzen Geschichte der Menschheit und insbesondere in den letzten 50 Jahren in weiten Teilen der Welt geschehen ist. Wie das ausgesehen hat, werden wir gleich noch eingehender betrachten.

Auch das ist eine wichtige Aufgabe für all jene, die eine bessere Welt aufbauen wollen: Sie müssen eine globale Debatte über die Werte eröffnen, auf denen eine nachhaltige Gesellschaft aufbauen sollte. Dafür bedarf es einer Art Aufklärung oder Renaissance, in der sich die Gesellschaften einige grundlegende Fragen stellen, über die lange Zeit nicht mehr nachgedacht wurde.

Es liegt an den Menschen zu entscheiden, was als richtig und falsch gelten soll. Menschen entscheiden, wie sie Erfolg messen wollen und welche Zeithorizonte sie für sinnvoll erachten. Menschen entscheiden, wie sie miteinander und wie sie mit der Natur umgehen. Was wir als unser Recht oder unsere Pflicht betrachten, was wir für Freiheit und Ordnung halten – all das sind Wahlmöglichkeiten, die wir entscheiden können. Damit sich die Menschheit von ihrer selbst gemachten ökologischen Bürde befreien kann, muss sie zuerst begreifen, dass das heute in weiten Teilen der Welt dominante System des menschlichen Fortschritts – bekannt auch als Neoliberalismus – die Hauptursache ihrer Probleme ist.

Teil 2

Verstanden! Und jetzt?

Neuland betreten

Stellen Sie sich einen grassierenden Waldbrand vor, und eine Schar von Menschen, die vor der Feuersbrunst davonläuft. Die Flammen kommen immer näher, sie laufen immer schneller. Panik erfasst sie. Schließlich gelangen sie an einen breiten, reißenden Fluss. Niemand weiß so recht, was sie auf der anderen Seite erwartet. Da sind keine Wege, Brücken oder Boote, um ans andere Ufer zu gelangen. Doch irgendetwas müssen sie tun, so viel ist klar. Das Feuer ist schon so nah; hier stehen zu bleiben bedeutet den sicheren Tod. Sie müssen einen Weg finden, um an das andere Ufer zu gelangen, auch wenn es im Augenblick unmöglich und riskant erscheint. Sie haben schlicht keine andere Wahl.

Genau da steht die Menschheit heute im Kontext des Klimawandels. Sie muss einen Weg finden, um vom Jetzt-Zustand an einen Ort zu gelangen, der für sie momentan noch fremd und ungewohnt ist. Diesen Weg zu wagen wird nicht einfach sein, aber alles andere – umkehren, warten, auf ein Wunder hoffen – wird in einer sicheren Katastrophe enden.

Irgendwann werden genug Menschen zu dieser Erkenntnis gelangen. Wir hoffen, dass diese Erkenntnis bald eintritt, infolge von Covid-19. Aber vielleicht kommt sie auch erst später. Aber genau wie diese Schar, die vor dem immer näher rückenden Flammeninferno davonzulaufen versucht, werden letztlich genügend Menschen realisieren, dass sie nicht einfach dort stehen bleiben können, wo sie jetzt sind, oder, weniger metaphorisch ausgedrückt, dass sie nicht einfach so weiterleben können wie bisher. Sie werden realisieren, dass die Menschheit an einem Punkt angelangt ist, der nach einem alternativen Rettungsweg verlangt. In dem Moment sind radikale Lösungsvorschläge gefragt.

Wir hoffen inständig, dass dieser Tag bald kommt.

Sobald die menschliche Gesellschaft bereit ist, ein anderes Modell für ihre Zukunft in Betracht zu ziehen, was wird sie dann brauchen? Das ist das Thema, dem wir uns im zweiten Teil dieses Buches widmen.

Die Menschheit braucht ein Konzept für eine andere Zukunft. Um das Tempo des Klimawandels zu verlangsamen, muss das neue System darauf basieren, dass die Menschheit im Einklang mit der Natur lebt. Die Menschen müssen auch besser im Einklang miteinander leben. Besser aufeinander eingehen und füreinander da sein.

Um nachhaltig zu sein, muss diese neue Zukunft auf den Grundsätzen der Gleichberechtigung – unabhängig von Reichtum, Geschlecht, Ethnie – und Chancengleichheit basieren, aber auch auf der Erkenntnis, dass nicht jede Meinung gleiches Gewicht haben sollte, wenn es darum geht, umsichtige, fundierte Entscheidungen im Interesse der Mehrheit zu treffen.

Auch wenn viele dieser Bedingungen zunächst als nettes Wunschdenken erscheinen mögen, sind sie tatsächlich unabdingbar. Sie sind nicht nur »nice to have«, sondern »must have«. Nur mit einem ausgewogeneren Verständnis dessen, was »menschliche Entwicklung« oder vielmehr »Weiterentwicklung der Menschheit« wirklich bedeutet, können wir, mit den Flammen im Nacken, die Überquerung ans rettende andere Ufer schaffen. Und in dem neuen System, das auf der anderen Seite aufgebaut wird, muss Würde und Gleichheit fest verankert sein.

Das System kann nicht einfach »nachgeschärft« werden – es ist irreparabel

Die meisten Länder der Welt leiden (im wahrsten Sinne) seit Jahrzehnten an Ungleichheit und Ungerechtigkeit. Das muss auf dem Weg in die neue Zukunft als Allererstes behoben werden. Solange Ungerechtigkeiten weiter bestehen, kann sich das zukünftige System nicht stabilisieren, und solange diese Stabilität fehlt, kann der Klimawandel nicht eingedämmt werden.

Seit Jahren arbeiten Menschen unermüdlich daran, die Härten des aktuellen Systems zu entschärfen, es gerechter und effektiver zu machen, um die Schwachen zu schützen und die vielen Auswüchse zu verhindern. Das Gros dieser Bemühungen ist gut gemeint, wenn auch nicht alle. Manche sind schlicht zynische Täuschungsmanöver. Doch all diese

Bemühungen, das System gerechter und weniger schädlich zu machen, waren großteils vergebens, da sie dem Versuch gleichkamen, eine Schubkarre in ein Raumschiff verwandeln zu wollen.

Wie wir auf den folgenden Seiten erläutern werden, wurde das System, das in den meisten Teilen der Welt verbrämt unter dem Mäntelchen des »menschlichen Fortschritts« vorherrscht, einzig zur Maximierung kurzfristiger Gewinne für eine kleine, wohlhabende Gruppe von Menschen entwickelt. Eine (unbeabsichtigte, aber dennoch reale) Folge dieses Systems ist, dass es den Klimawandel verursacht, genauso wie zu viel Zucker Löcher in den Zähnen verursacht. Den fortschreitenden Klimawandel innerhalb eines Systems eindämmen zu wollen, das auf die Steigerung kurzfristiger finanzieller Gewinne für einige wenige Wohlhabende getrimmt ist, kann nicht funktionieren. Es ist unmöglich, weil genau dieses System ja gerade die Ursache des Klimaproblems ist. Ebenso kann das System nicht einfach durch Drehen an manchen Stellschrauben so »nachgeschärft« werden, dass es für die Mehrheit gerechter wird, weil das System selbst ja die Grundursache der Ungerechtigkeiten ist.

Wie schon der Menschenrechtsaktivist Malcolm X in seinem Kampf gegen Ungerechtigkeit und Rassismus sagte: »… ein Huhn kann unmöglich ein Enten-Ei produzieren – ein Huhn ist in seinem System nicht darauf ausgelegt, ein Enten-Ei zu produzieren. Es geht nicht. Es kann nur das produzieren, wofür es konstruiert wurde.«[18]

Das derzeitige System dient nur den Interessen einer kleinen Gruppe. Es schließt die Mehrheit der Menschen aus, lässt keine neuen Ideen zu und widersetzt sich jedem anderen Zweck. Es kann keine Gleichheit oder ökologische Nachhaltigkeit für die Menschheit und all die anderen Arten, die heute auf der Erde leben, hervorbringen. Es kann nur das produzieren, wofür es konstruiert wurde. Und das sind immer höhere kurzfristige Gewinne für die Wohlhabenden. Folglich ist auch klar, dass diejenigen, die vom System profitieren und damit die meiste Macht innehaben, keine Veränderung wollen, auch wenn sie manchmal das Gegenteil behaupten. Diejenigen, die vom System profitieren, sind zu Reformen nicht fähig. Sie wissen nicht, wie das gehen soll. Sie wissen nur, wie man Mensch und Umwelt ausbeutet und weiter Ungleichheit, Ungerechtigkeit und ökologischen Ruin produziert.

Damit ein echter Wandel stattfinden kann, müssen die Gesellschaften der Zukunft daher von ganz anderen Menschen geführt werden als jenen, die sie heute führen. Sie müssen von Menschen geführt werden, die weitgehend in ihren 20ern oder 30ern sind und am meisten zu verlieren haben, sowie von Menschen, die noch nicht der Gehirnwäsche des aktuellen Systems unterzogen wurden, und die sich einen anderen, weniger »Ich, ich, ich«-zentrierten Zugang zum Konzept des menschlichen Fortschritts vorstellen können.

Seit Jahrzehnten tut die überwältigende Mehrheit der Menschen gehorsam das, was das System von ihnen erwartet: Sie gehen zur Arbeit, wählen Rot oder Blau oder Grün, wenn man sie dazu auffordert, und glauben generell, dass eine kluge, wohlwollende Autorität für sie da sei.

Dem war nie so.

Im derzeitigen System ist Geld statt *zur* Mehrheit von der Mehrheit weggeflossen, und die Gesetze, von denen diese

Mehrheit dachte, dass sie ihrem Schutz dienen, werden stattdessen dazu verwendet, sie an die Kandare zu nehmen. Mittlerweile ist der Himmel schwarz von all den brennenden Ölfeldern, die Ozeane glänzen fett mit ganzen Teppichen aus Öl, und viele Menschen haben durch Hurrikane und Waldbrände ihr Zuhause verloren.

In der harten Realität der nicht-inklusiven neoliberalen kapitalistischen Welt hat Covid-19 vor allem die Armen gerammt, und diejenigen, die das System durch Überarbeitung, Stress und minderwertige Lebensmittel chronisch krank gemacht hat. Menschen in der Straßenreinigung, in Krankenhaus-Putztrupps, in der Fleischverarbeitung, Immigranten und Minderheiten sind in weit größerer Zahl am Virus gestorben als die Politiker, die Reichen und die Konzernbosse dieser Welt. Und das nicht deshalb, weil diese Opfer einfach »Pech« hatten.

Moderne Rechtssysteme, denen ursprünglich (meist) die Gleichbehandlung aller Menschen zugrunde lag, sind in vielen Ländern mittlerweile so korrumpiert, dass sie Ungerechtigkeit und Ungleichheit sogar verstärken, indem sie die Mächtigen schützen und die Schwachen sogar für winzige Übertretungen bestrafen.

Die meisten Menschen müssen Gesetze befolgen und bei schweren Verbrechen Gefängnisstrafen verbüßen, während die Reichen und gut Vernetzten allzu oft auch dann in Freiheit bleiben, wenn ein Gericht sie für schuldig befindet. Die Banker, die in unersättlicher Gier die Finanzkrise von 2008 ausgelöst oder sich aus Malaysias Staatsfonds bedient hatten, erhielten keine nennenswerten Strafen, genauso wie die Superreichen und politisch Mächtigen in der Lage gewesen waren, Mantelgesellschaften in Steueroasen zu gründen, um nicht das zahlen zu müssen, was sie der Gesellschaft schulden, obwohl sie genau dieser Gesellschaft ihren massiven, unverhältnismäßigen Reichtum überhaupt erst verdanken. Genau diese Denke hat es auch Unternehmen wie Shell und Exxon erlaubt, 40 Jahre lang den Klimawandel unter den (Öl-)Teppich zu kehren und gleichzeitig ihren Führungskräften und Aktionären enorme Gewinne aus der Zerstörung von Ökosystemen und des Planeten zuzuschanzen.

Systemwandel statt Klimawandel

Ohne zu tief in die Theorie des Systemwandels einzutauchen, sei nur so viel gesagt: Damit der Übergang vom derzeitigen System zu einem besseren System so schmerzlos wie möglich vonstattengehen kann, müssen im Wesentlichen zwei Bedingungen erfüllt sein.

Erstens: Das bestehende System muss seine Legitimität weitgehend verloren haben und in eine Krise geraten sein. Sein Versagen muss für eine große Anzahl von Menschen deutlich erkennbar sein. (Bedingung 1: erfüllt.) Angesichts zunehmender Umweltprobleme, immer mehr Ungleichheit, ungerechter Gesetze und Gerichte sowie unhaltbarer Verschuldungsniveaus hatte das derzeitige System seine Legitimität bereits vor dem Ausbruch von Covid-19 weitgehend eingebüßt. Seit der Ausbreitung des Virus sind die Risse im System noch tiefer und größer geworden. Viele Regierungen haben es nicht geschafft, die physische und finanzielle Gesundheit ihrer Bürger zu schützen, einige haben sich als inkompetent, kaltschnäuzig und regelrecht brutal herausgestellt, lediglich darauf bedacht, die Interessen der Reichen zu schützen. In Großbritannien, Brasilien und den USA wurden die Bedürfnisse der Unternehmen über Menschenleben gestellt.

Zweitens: Ein alternatives System muss in den Startlöchern stehen und jederzeit loslegen können. (Bedingung 2: noch ausständig.)

All jene, die einen radikalen Wandel anstreben, müssen sich auf die Entwicklung eines Rahmenkonzepts für ein anderes System konzentrieren, das, wenn die Zeit reif ist, ohne Umschweife eingeführt werden kann. Dieses Rahmenkonzept muss nicht bis ins Detail perfekt ausgefeilt sein. Es muss nur so ausreichend gut konzipiert sein, dass es glaubwürdig ist.

Für derartige Übergänge zu einer neuen Ordnung gibt es in der modernen Geschichte der Menschheit zahlreiche Beispiele – etwa der CIA-unterstützte Machtwechsel von Präsident Sukarno zu Präsident Suharto in Indonesien im Jahr 1967, über einige osteuropäische Länder, die sich Anfang der 1990er-Jahre vom sowjetischen Macht- und Einflussbereich befreiten und der Europäischen Union zuwandten, bis hin zur De-facto-Übernahme Hongkongs durch China im Jahr 2020. Ob sie die Dinge zum Besseren oder Schlechteren gewendet haben, sei hier nicht der Punkt. Tatsache ist vielmehr, dass Systemwandel machbar sind und durchaus schon stattgefunden haben. Auch in Amerika und Europa hat es sie schon gegeben.

Nach dem Zweiten Weltkrieg, als keynesianische Wirtschaftsideen[19] zusehends in Misskredit gerieten, begann eine Gruppe neoliberaler Ökonomen mit der Erarbeitung eines alternativen Systems. In den späten 1940er-Jahren gründeten sie die Mont Pèlerin Society und entwickelten mit großzügigen Zuwendungen von Unternehmen und vermögenden Privatpersonen ein alternatives Verständnis von gesellschaftlicher und wirtschaftlicher Entwicklung. In den folgenden Jahren verbreiteten sie ihre Ideen und verstärkten ihren Einfluss durch den Aufbau von Netzwerken an Universitäten, die Schaffung eigener Denkfabriken und die Veröffentlichung von wissenschaftlichen Arbeiten, Zeitungsartikeln und Büchern.

Ihre Chance auf Ruhm eröffnete sich Ende der 1970er- und Anfang der 1980er-Jahre, als Margaret Thatcher zur britischen Premierministerin und Ronald Reagan zum Präsidenten der USA gewählt wurden. Als diese beiden Politiker nach alternativen, mit der Vergangenheit brechenden Ideen zur Lenkung der Gesellschaft in ihren Ländern suchten, wurden sie auf die Arbeit der Mont-Pèlerin-Ökonomen aufmerksam, insbesondere Friedrich Hayek, Karl Popper, Ludwig von Mises und Milton Friedman – einige der bekanntesten Ökonomen des 20. Jahrhunderts.

Die meisten führenden Ökonomen der Mont Pèlerin Society lehnen sich in ihrer Denkrichtung eng an die sogenannte »Österreichische Schule der Nationalökonomie« an, der Grund dafür ist wohl die Herkunft ihrer Familien aus der ehemaligen österreichisch-ungarischen Monarchie. Auch der Propagandaspezialist Edward Louis Bernays, dessen Familie ebenfalls aus Österreich stammte und der aufgrund seiner Vorstellungen zur gezielten Manipulation der Massen als »Vater des PR« bekannt ist, spielte bei der Verbreitung des Gedankenguts der Mont Pèlerin Society eine wesentliche

Rolle. Seinen Anschauungen nach sollte Demokratie so neu definiert werden, dass »Individualismus« (Freiheit des Einzelnen) gefördert wird und gängige Vorstellungen von sozialem Zusammenhalt unterminiert werden.[20] Beide Konzepte – Aufweichung der Demokratie zugunsten von Individualismus und Misstrauen gegenüber der Vorstellung von sozialem Zusammenhalt – spielen in der Österreichischen Schule eine zentrale Rolle. Kurioserweise war die Bezeichnung »Österreichische Schule« ursprünglich beleidigend gemeint, da Mainstream-Ökonomen die Ideen der Gruppe als obskure und provinzielle Vorstellungen einiger Außenseiter belächelten. Dennoch schaffte es diese Gruppe, dass ihre Ideen weltweit übernommen wurden.

Es sind die Ideen dieser Ökonomen, die seit nahezu 40 Jahren die wirtschaftspolitischen Vorstellungen von sozialem Fortschritt dominieren und die Menschheit in jene völlig verfahrene Situation geführt haben, in der sie sich heute befindet.

Ziel der Mont Pèlerin Society war es, die neoliberale Denke und das, was von der Gruppe als die »zentralen Werte« der Zivilisation dargestellt wurde, zu verbreiten. Sie wollten Menschen davon überzeugen, dass der Staat – und ganz besonders der Wohlfahrtsstaat – gefährlich sei, dass jeder Einzelne für sich verantwortlich sei und dass Unternehmen minimal reguliert werden sollten. Präsident Reagans launische Bemerkung, die neun gefährlichsten Wörter der englischen Sprache seien »I'm from the government, and I'm here to help« (»Ich bin von der Regierung, und ich bin hier, um zu helfen«), diente gezielt dazu, die Rolle des Staates zu unterminieren und die scheinbare Logik dieser Ideen zu verbreiten.

Von Reagans 76 Wirtschaftsberatern waren 22 Mitglieder der Mont Pèlerin Society. Thatchers leitender Wirtschaftsberater, sowie viele andere Wirtschaftstheoretiker in ihrem Dunstkreis, waren ebenfalls Mitglieder der Mont Pèlerin Society.

Seit mehr als einem halben Jahrhundert hat die Mont Pèlerin Society intensive Überzeugungsarbeit geleistet, um sicherzustellen, dass der Glaube des Menschen an den freien Markt, ähnlich wie eine Religion, so normal und selbstverständlich wird, dass kaum jemand mehr die zugrunde liegenden Ideen hinterfragt. Die Gruppe hat aber nicht nur darauf hingewirkt, wie Wirtschaft an Universitäten und Schulen gelehrt wird; sie hat zusätzlich auch gezielt Beziehungen zu hochrangigen Politikern, Bankern und Journalisten aufgebaut.

Sie steht zudem hinter der 1968 erfolgten Einrichtung des als »Wirtschaftsnobelpreis« bekannten »Preises der schwedischen Reichsbank in Wirtschaftswissenschaften in Gedenken an Alfred Nobel«. Im Gegensatz zu den seit 1901 verliehenen Nobelpreisen für Literatur oder Wissenschaft ist dieser »Wirtschaftsnobelpreis« jedoch kein echter Nobelpreis. Er ist vielmehr ein geschickter PR-Coup für Ökonomen des freien Marktes, der dazu dient, die neoliberale Denkart zu legitimieren.

Die Mont Pèlerin Society hat es außerdem geschickt verstanden, kluge Köpfe für sich zu gewinnen, die selbst nicht Wirtschaftsexperten sind und als sekundäre Botschafter neoliberaler Ideen fungieren. Mithilfe gezielter Artikel, Dokumentarsendungen, Nachrichtenmeldungen und Berichterstattungen zur Verbreitung neoliberaler Ideen des freien

Marktes sind viele angesehene Mitglieder der Gesellschaft unbewusst zu enthusiastischen Befürwortern des neoliberalen Systems geworden. Sie vertrauen dem akademischen Prestige der Mont-Pèlerin-Ökonomen, und da die vielen Mängel des Systems für sie bisher keine persönlichen Nachteile hatten, hinterfragen sie weder die zugrunde liegenden Annahmen. noch prüfen sie deren Auswirkungen auf die Mehrheit. Die Mont Pèlerin Society ist im Übrigen auch im hohen Maß für die »Mathematisierung« der Volkswirtschaftslehre verantwortlich, um ihr einen streng wissenschaftlichen Anstrich und damit mehr intellektuelle Glaubwürdigkeit zu verpassen.

Trotz des immensen Schadens, den sie angerichtet hat, liefert die Mont Pèlerin Society ein Modell, das sich in gewisser Hinsicht gut zur Nachahmung eignet. Die Arbeit dieser kleinen Gruppe von Ökonomen zeigt nämlich, wie ein neues System definiert, legitimiert und kommuniziert werden kann. Leider birgt der Mont-Pèlerin-Ansatz aber auch zwei wesentliche Gefahren. Erstens: Er ermöglicht es einer kleinen Gruppe von Menschen, erfolgreich ein gesellschaftliches System durchzusetzen, das komplett auf eigennützigen, halbwahren Ideen beruht. Zweitens: Im Mont-Pèlerin-Konzept muss das System nicht das leisten, was es verspricht.

In ihrem ausgezeichneten Buch über die moderne Geschichte des neoliberalen Denkens und über die Rolle der Mont Pèlerin Society in der Entstehung des aktuellen Wirtschaftssystems schreibt die Forscherin Lu Chien-Yi von der Nationalen Akademie der Wissenschaften in Taiwan:

»Unermessliche Mengen an Zeit, Energie und Talent wurden bereits auf ernsthafte Debatten mit Neoliberalen vergeudet, so als wären dies ehrliche Theoretiker, Denker, Gelehrte, Denkfabrikexperten oder Staatsmänner, wo doch im Grunde das Hauptmerkmal des Neoliberalismus die Täuschung ist.«[21]

Wenn es der Menschheit gelingen soll, das Tempo des Klimawandels zu verlangsamen, muss das neue System für die Zukunft der Menschheit auf soliden Grundlagen basieren statt auf jenen der neoliberalen Ökonomie. Es bedarf auch klar definierter Parameter im Einklang mit dem zu erreichenden primären Ziel – der Eindämmung der globalen Erwärmung, bevor sie vollends außer Kontrolle gerät.

Konzepte für eine andere Zukunft

Wie sieht nun ein alternatives Modell für die Zukunft der Menschheit aus? Kurz gesagt: ganz anders als das aktuelle System. Man könnte sagen, kaum mehr zu erkennen.

Im Folgenden skizzieren wir die wesentlichen Eckpunkte dieses Systems, das allerdings nicht sofort in dieser Form eingeführt werden kann. Es handelt sich um ein Konzept, auf das hingearbeitet werden muss, nicht um einen fix und fertigen Plan, der nächste Woche 1:1 umgesetzt werden kann. Um die Auswirkungen des Klimawandels zu verringern und eine Welt zu schaffen, in der die Menschheit im Einklang mit der Natur leben kann, brauchen Gesellschaften ein System mit echter Gleichberechtigung, frei von Gier und Materialismus. Das zu entwickeln wird einige Zeit in Anspruch nehmen. Beachten Sie, dass wir dabei nicht darauf eingehen, wie demokratisch ein nachhaltiges System sein sollte.

1. Achtung der Natur

Ein nachhaltiges System muss zuallererst die Natur achten und respektieren. Das heißt: streng begrenzte Nutzung natürlicher Ressourcen und Verschmutzung sowie Festlegung eines fixen, bevölkerungsunabhängigen Maximums für den ökologischen Fußabdruck des Menschen.

Was derzeit generell als nachhaltig gilt – Windparks, Solarpanele und Elektroautos – ist ganz und gar nicht nachhaltig. Diese verbrauchen riesige Mengen an knappen Rohstoffen und Energie und haben eine Lebensdauer, die sich in Jahrzehnten bemisst, wenn überhaupt.

Nachhaltige Gesellschaften müssen »fit« sein, um den englischen Soziologen Herbert Spencer zu zitieren. Mit »Survival of the Fittest« (ein Ausspruch, der häufig fälschlicherweise Charles Darwin zugeschrieben wird) meinte er nicht, dass Wettbewerb gut sei und nur die Stärksten überleben, wie Befürworter des freien Marktes gern behaupten. Er meinte vielmehr, dass jene überleben und gedeihen, die sich am besten an ihre Umgebung anpassen. Jene also, die es am besten verstehen, in Harmonie mit der Welt um sie herum zu leben.

2. Gerechte Erfüllung der Grundbedürfnisse aller

Ein nachhaltiges System muss in der Lage sein, für alle Menschen die Bedürfnisse an Nahrung, Sicherheit, Lebenszweck, Mobilität, Kommunikation und Wohnraum zu erfüllen, und das auf gerechte Weise. Dies ist notwendig, um Leben zu erhalten und Ungerechtigkeiten auszumerzen. Ein nachhaltiges

System minimiert Konflikte und fördert Belastbarkeit und Stabilität.

Man kann sich das in etwa so vorstellen: Es gäbe überall einen Ort, an dem jedes Mitglied der Gemeinschaft dreimal täglich aus einer großen Auswahl an veganen Gerichten wählen könnte. So wie Wohnraum wäre auch dies kostenlos. Die Produkte würden lokal und nur unter Verwendung natürlicher Düngemittel angebaut werden. Erneuerbarer Strom wäre die wichtigste Energiequelle (allerdings anders erzeugt als heute). Nahezu 100 Prozent der natürlichen Ressourcen würden gemäß den Grundsätzen der Kreislaufwirtschaft – Recyceln, Erneuern, Reparieren, Wiederverwenden – eingesetzt werden. Die Nutzung knapper nicht erneuerbarer Ressourcen wäre verschwindend gering.

Sobald die Gesellschaft die Grundbedürfnisse aller Bürger abgedeckt hat, können Belohnungen für individuelle Leistungen angedacht werden, immer unter der Voraussetzung, dass der Unterschied zwischen Andersbehandelten und allen anderen sehr gering ist, und dass Errungenschaften und individuelle Bedürfnisse gerecht anerkannt und berücksichtigt werden. So wie einen garantierten Mindestlebensstandard müsste es auch einen maximalen Lebensstandard geben.

3. Gleiche Rechte für künftige Generationen und andere Lebewesen

Das System muss die Rechte aller Lebewesen auf Wohlergehen garantieren und die Rechte künftiger Generationen mit jenen gleichsetzen, die heute leben. Keine Generation darf die natürliche Umwelt schädigen, wenn daraus Nachteile für zukünftige Generationen oder andere Arten erwachsen. Jede Generation muss den Planeten in dem Zustand belassen, in dem sie ihn vorfand – oder besser.

4. Mehr Freizeit als Ausgleich zu mehr Produktivität

Eine nachhaltige Gesellschaft müsste immer noch innovativ sein. Sie müsste beispielsweise Müll reduzieren, den Recyclinganteil erhöhen, die Energieeffizienz steigern und medizinische Fortschritte vorantreiben. Auch im Dienstleistungsbereich sind Innovationen erforderlich, um den Prozess der gemeinschaftlichen Verwendung von produzierten Gütern besser zu steuern.

Um den ökologischen Fußabdruck der Menschheit zu verringern, müssten Effizienzgewinne mitunter durch mehr Freizeit ausgeglichen werden. Wenn eine Fabrik eine neue Technologie entwickelt, die es ihr erlaubt, mehr Ware zu produzieren, müsste sie, um Produktionsüberschüsse und Ressourcenverschwendung zu vermeiden, ihren Arbeitnehmern mehr Urlaub geben, statt wie bisher die Produktion anzuheben. Der Anreiz zu Innovationen würde für die jeweilige Person in dem befriedigenden Wissen liegen, dass ihre Innovationsarbeit das menschliche Wohlergehen verbessert hat.

5. Ohne Geld, damit alle gleich sind

So wie bei allen anderen Lebewesen auch würde ein nachhaltiges System ohne Geld funktionieren. Es ist ein Mythos, dass Geld erfunden wurde, um den Handel zu erleichtern. Es wurde geschaffen, um Kriege zu führen, damit Armeen bezahlt werden konnten.[22] Danach wurde es als Mittel zum Zweck der Unterdrückung beibehalten. Kriege wurden allein wegen der Metalle für die Herstellung von Münzen geführt. Geld rechtfertigte die Plünderung Südamerikas. Das Konzept des Schuldenmachens hat Millionen von Menschen Leid und Elend gebracht.

Mit der Abschaffung des Geldes würde eine der Hauptursachen für Neid, Missgunst, Konflikte und Ungerechtigkeit wegfallen. Ein nachhaltiges System muss, statt auf Geld, auf dem Prinzip der Stewardship[23] aufbauen, mit dem Recht zur temporären Verwaltung gemeinsam genützter Güter und der langfristigen Pflicht zur Rechenschaftsablegung gegenüber der Gesellschaft.

Mit der Abschaffung des Geldes wären viele Vorteile verbunden. Es gäbe kein Bankwesen, keine Spekulationsgeschäfte, kein Immobilieneigentum und keine Möglichkeiten zur Anhäufung von Reichtum. Es wäre nicht mehr möglich, dass Menschen einen unfairen Start ins Leben erben. Und es wäre Schluss mit Inflation, Schulden und Steuern. All das sind menschliche Konstrukte, die tiefe gesellschaftliche Gräben ziehen und es einer Minderheit ermöglicht haben, die Mehrheit seit Generationen durch Konflikte, Versklavung und Schulden zu unterdrücken.

Teil 2 – Verstanden! Und jetzt?

6. Ziel ist ein besseres menschliches Wohlergehen

Anstatt Produktion und Konsum anzukurbeln, würde sich die Menschheit darauf konzentrieren, sich künstlerisch, kulturell und intellektuell zu entwickeln. Dies würde das Wohlergehen und die Lebenszufriedenheit sowie auch die körperliche Gesundheit steigern. Sport und Religion können gedeihen, ebenso die wissenschaftliche Forschung. Nur der Rohstoffverbrauch muss unter einer maximalen Nachhaltigkeitsgrenze gehalten werden, damit knappe, nicht erneuerbare Ressourcen nicht erschöpft werden und die Belastung der Umwelt niemals natürliche Grenzen überschreitet.

7. Weniger Menschen insgesamt

Die menschliche Bevölkerung könnte in einem nachhaltigen System wachsen, jedoch innerhalb der Grenzen, die durch die Verfügbarkeit knapper Ressourcen und den Grad der Verschmutzung vorgegeben werden. Jede zusätzliche Person würde den durchschnittlichen Lebensstandard für alle senken. Im Klartext: Eine kleine Bevölkerung würde besser leben als eine große.

8. Langfristiges Gemeinwohl

Im neuen System hätte das langfristige Gemeinwohl oberste Priorität. Menschen und Unternehmen hätten keine Möglichkeit, gegen die Grenzen der Natur zu handeln, indem sie Ressourcen nicht nachhaltig nutzen, die Umwelt mehr verschmutzen, als die Natur absorbieren kann, die Rechte künftiger Generationen und anderer Arten missachten oder soziales Unrecht verursachen.

Für viele Menschen werden all diese Ideen schwer zu verstehen sein, vor allem in einer ersten Zeit, und das wird das Tempo ihrer Einführung verlangsamen. All jene, die sich für Veränderungen einsetzen, müssen sich daher stets auf die oberste Priorität konzentrieren, nämlich den Klimawandel so schnell wie möglich einzubremsen und unter Kontrolle zu bringen.

Langfristig würde ein auf diesen Ideen basierendes System zu zufriedeneren und stabileren Gesellschaften führen. Ein solches System würde der Menschheit eine Zukunft eröffnen, die auf Würde und Harmonie im Einklang mit der Welt um sie herum beruht.

Wenn wir gebeten werden, ein Bild davon zu zeichnen, wie diese nachhaltige Gesellschaft tatsächlich aussehen könnte, sehen wir vor uns ein Leben wie in Jean-Luc Picards Raumschiff Enterprise, und wie in einigen sehr alten Zivilisationen.

Das Leben in einer nachhaltigen Gesellschaft basiert auf gegenseitigem Respekt, wobei jeder Mensch seine ihm zugewiesene Rolle erfüllt. Die »Zuständigen« sind im Grunde bloß Netzwerker, die andere zusammentrommeln, um individuelle Ideen und Erkenntnisse zu sammeln. Fundierte Entscheidungen werden kollektiv getroffen, im Interesse aller. Geld ist nicht notwendig, da jeder gleich ist. Respekt vor der Natur und voreinander steht an erster Stelle. Lebenszufriedenheit findet derjenige, der etwas der Sache wegen tut, nicht um von anderen dafür gelobt zu werden. Man gewinnt diese Lebenszufriedenheit durch Bildung, durch künstlerische Betätigung, durch Freude am Erkunden und durch den Kick, den man verspürt, wenn man Dingen auf den Grund geht und zu verstehen beginnt.

Das Leben in einem nachhaltigen System ist eine nie endende Entdeckungsreise, keine Endlosschleife im Hamsterrad, um die nächste Kreditrate abstottern zu können.

Neudenker und Vorkämpfer statt ewiggestriger Sesselkleber

Wir haben zuvor gesagt, dass Vorkämpfer für den radikalen Wandel ein Rahmenkonzept für ein alternatives System des menschlichen Fortschritts ausarbeiten müssen, und wir haben die möglichen Grundzüge dieses Systems skizziert. Für die Weiterentwicklung dieses Rahmenentwurfs werden Entwicklungsexperten, Experten für menschliche Verhaltensweisen und Klimawandelspezialisten benötigt. Dazu muss eine Gruppe kluger Menschen zusammenkommen und das System durchdenken. Sie müssen die Auswirkungen auf verschiedene Völker und Kulturen untersuchen und Konzepte erarbeiten, wie die Fossil-Industrie, die Automobilbranche, die Luftfahrt und alle anderen umweltverschmutzenden Sektoren geordnet geschlossen werden können. Wie bei der Mont Pèlerin Society könnte diese Gruppe vielleicht aus einer relativ kleinen Anzahl von Gleichgesinnten bestehen, zumindest in einer ersten Phase. Anders als bei der Society müssen die Mitglieder dieser Gruppe jedoch willens sein, die langfristige Zukunft der Menschheit über ihre eigenen Interessen zu stellen. Wir halten es für höchst unwahrscheinlich, dass auch nur irgendjemand in dieser Gruppe aus einer derzeitigen Führungsposition kommen wird. Mehr dazu später.

Eine Möglichkeit, um diesen Prozess in Gang zu bringen, ist die Schaffung einer weltumspannenden politischen Partei des Wandels, die das bestehende System direkt infrage stellt. Diese neue Partei hätte nur ein einziges Hauptziel – das Tempo des Klimawandels so schnell wie möglich zu verlangsamen, indem die Treibhausgasemissionen gesenkt werden. Es könnte sich der Dynamik von Organisationen wie Extinction Rebellion, vieler etablierter grüner Parteien und Fridays for Future zunutze machen und diese kampferprobten Demonstranten in einer organisierten politischen Bewegung für den Wandel zusammenführen.

Diese Gruppe sollte zunächst versuchen, mithilfe des bestehenden Demokratieprozesses das derzeitige Entwicklungssystem durch ein neues und nachhaltiges Modell für die menschliche Zukunft zu ersetzen. Die neue Partei sollte nicht nur auf radikale Umstellungen drängen, sondern auch die Regierungen dazu bringen, dass all jene Personen finanziell und emotional unterstützt werden, die in der Zeit der Umstellungen Hilfe benötigen. Sie sollte auch auf die strafrechtliche Verfolgung derjenigen drängen, die für die Klimakrise verantwortlich sind. Dies würde nicht nur aus Gründen der Gerechtigkeit geschehen, sondern würde jedem deutlich vor Augen führen, wie korrumpiert das aktuelle System ist und wie viel Schaden angerichtet worden ist.

Die Gruppe muss …

1. eine politische Partei mit einem einzigen großen Ziel bilden – das Tempo des Klimawandels durch rasche Senkung der Treibhausgasemissionen einzubremsen.

2. den Systemwandel im Rahmen des gegenwärtigen Demokratieprozesses durchziehen.

3. die rasche Schließung umweltschädlicher Industrien überall auf der Welt forcieren.

4. Agrarreformen durchsetzen und Entwaldungen stoppen.

5. finanzielle und emotionale Unterstützung für all jene erbringen, die dies während des Übergangs benötigen, mittels Einführung eines lebenslangen Grundeinkommens für alle Erwachsenen (in einer Form, die kein weiteres Bevölkerungswachstum begünstigt).

6. diejenigen, die für die Klimakrise verantwortlich sind, strafrechtlich verfolgen.

Die Menschheit muss sich bewusst werden, dass ohne radikalen Wandel Milliarden von Menschen und andere Lebewesen unermesslich leiden werden, und dass es keinen Weg zurück geben wird. Ein Schlüsselelement in diesem Kampf wird es sein, das Verständnis für das Klimaproblem zu vertiefen. Um radikale Reformen durchsetzen zu können, müssen die Reformbereiten dem Beispiel der Mont Pèlerin Society folgen und Entscheider in Bildung, Politik und Medien beeinflussen.

Statt ihnen ein alternatives Lenkungssystem anzubieten, muss den Machthabern stattdessen klargemacht werden, dass sie gescheitert sind und ihre Sessel räumen müssen. Heutige Spitzenpolitiker müssen anderen Platz machen. Hier darf es keine Kompromisse geben. Wenn sie nämlich als Teil einer Koalition an Veränderungen mitarbeiten dürften, würden sie unermüdlich auf deren Verhinderung hinwirken. Diejenigen, die derzeit unsere Gesellschaften lenken, müssen daher im langfristigen Interesse aller abtreten. Sie sind nicht das, was die Menschheit braucht, und waren es nie. Mehr dazu später.

Wir wissen, dass das, was wir vorschlagen, sehr schwer durchzuziehen sein wird. Es mag idealistisch und unrealistisch erscheinen. Wir arbeiten jedoch schon lange genug an diesem Problem, um zu wissen, dass es keinen anderen Weg gibt. Covid-19 hat uns allen gezeigt, dass radikale Veränderungen in diesem Ausmaß gar nicht so unmöglich sind, wie viele einst dachten. Die Menschheit ist wie diese Schar von Menschen, die vor dem Flammenmeer fliehend am Fluss angelangt ist und keinen einfachen Weg zu dessen Überquerung sieht. Sie kann aber nicht mehr zurück. Sie muss einen Weg ans andere Ufer finden und dort anders leben als bisher. Sie muss vorpreschen und den Wandel durchziehen, egal was dies wirtschaftlich, politisch oder sozial bedeutet. Und sie muss immer weiter vorpreschen, egal wie gering die Erfolgschancen auch erscheinen mögen. Gesellschaften müssen den Übergang ins Neuland schaffen, auch wenn ihnen der Gedanke daran Angst einjagt. Nichts zu tun bringt auf jeden Fall den sicheren Untergang.

Dankenswerterweise gibt es viele Beispiele, die uns den Weg anzeigen. Es gibt unzählige Beispiele der Gegenwart und Vergangenheit, die eindrücklich belegen, dass die Menschheit wesentlich besser im Einklang mit der Natur leben kann. Andere wiederum zeigen, wie Menschen zum Wohle aller zusammenarbeiten können. Covid-19 ist die Chance, die einen friedlichen Übergang ermöglicht.

Einen Übergang zu einem anderen System wird es auf jeden Fall geben. Sei es in der Form, wie wir ihn hier vorschlagen, oder in einer anderen, konfliktreicheren und chaotischeren Form. Irgendwann, und das bald, werden die tiefen Diskrepanzen im derzeitigen System und die Auswirkungen des Klimawandels zusammenkommen und den Wandel erzwingen.

Noch hat die Menschheit eine Wahl.

Widerstände, Hindernisse und Stolpersteine

Es gibt viele Hindernisse, die den notwendigen Wandel blockieren, und ein guter Plan allein reicht nicht aus, um sie aus dem Weg zu räumen. Aber es gibt Möglichkeiten, wie man sich auf Widerstände vorbereiten kann, die sich zweifellos formieren werden. Dazu müssen neue Denker dunkelste Ecken der Inkompetenz ausleuchten und die Wahrheit ans Licht bringen.

Die Wahrheit aufzudecken ist wichtig, ebenso wie die Fähigkeit, rasch zu agieren, sich immer wieder neuen Gegebenheiten anzupassen und den Kurs zu ändern, wann immer dies notwendig ist – stets mit Blick auf das Endziel. Aber Achtung: All jene, die Veränderungen verhindern wollen, verstehen sich gut darauf, ebenfalls agil und anpassungsfähig zu sein. Sie haben außerdem Geld, Macht und Autorität.

Wer sind diese Menschen, die den notwendigen Wandel blockieren? Manchmal sind sie leicht zu erkennen: Der Öl-Magnat, der im schnieken Anzug in seinen Hubschrauber steigt, zum Beispiel. Aber manchmal sehen die Verhinderer und Blockierer nicht anders aus als alle anderen. Manche sehen aus wie mächtige Politiker, die in schwarzen Limousinen vorfahren und von gestressten Assistenten über ihren nächsten Pressetermin informiert werden. Manche wurden zu Geld und Macht geboren. Manche sehen aus wie Ihre Schwester. Manche haben verdammt hart gearbeitet, ein Studium durchgezogen und nun endlich vor sechs Monaten einen verlockenden Job in einem Hedgefonds gelandet.

Einige, die den Wandel blockieren, sind tatsächlich für den Klimawandel verantwortlich. Sie waren es, die beschlossen, all diese Kohlekraftwerke zu bauen, nicht-recycelbare Produkte herzustellen und Containerschiffe mit extrem umweltschädlichen Motoren auszustatten. Sie investieren in das Ölgeschäft, wohl wissend, dass dieses die Umwelt zerstört. Sie bauen Flughafenterminals, wohl wissend, dass diese die Luft noch mehr verschmutzen werden. Sie bauen Automobilfabriken, wohl wissend, dass die benötigte Energie und die verursachten Emissionen der Atmosphäre schaden werden. Sie arbeiten im Produktdesign, im Marketing, im Vertrieb, um den Rest von uns davon zu überzeugen, umweltschädliche Produkte zu kaufen. Sie arbeiten für die PR-Firmen und

Denkfabriken, die neoliberale Ideen verbreiten und Zweifel an wissenschaftlichen Klimaerkenntnissen säen.

Umweltzerstörung und Klimawandel kommen nicht von allein. Die meisten Menschen, die diese Entscheidungen treffen, wissen tief in ihrem Innersten, dass ihr Tun nicht richtig ist. Sie wissen, dass sie Klimaveränderungen verursachen. Sie wissen, dass mehr Flüge und Autofahrten mehr Verschmutzung verursachen. Sie wissen, dass ihre Plastikverpackung die Meere vergiften wird.

Nicht Sie haben die Misere verursacht

Den Kampf gegen den Klimawandel gewinnen wir nicht, indem der Rest von uns vegan zu leben beginnt. Vielmehr muss die Mehrheit der Menschen auf dem Planeten das destruktive Verhalten der kleinen Zahl, die das Problem ist, stoppen und wieder die demokratische Kontrolle übernehmen, damit diese Minderheit nicht die Zukunft für alle zerstört. Dies ist kein Kampf zwischen 99 Prozent und 1 Prozent der Menschheit. Es ist ein Kampf zwischen 99,99 Prozent und 0,01 Prozent der Menschheit.

Es gibt Menschen, die direkt für den Klimawandel verantwortlich sind, und es sind die Aktivitäten dieser Menschen, die sich ändern müssen. Der große Rest von uns hat die Aufgabe, dafür zu sorgen, dass dies geschieht.

In vielerlei Hinsicht ist das Verhalten dieser Menschen seltsam.

In Leo Tolstois Buch *Auferstehung* muss an einer Stelle in der Geschichte eine große Gruppe von Gefangenen zu einem

Bahnhof marschieren, von wo aus sie nach Sibirien transportiert werden sollen. Es ist glühend heiß, und die Gefangenen sind der Hitze stundenlang ohne Wasser und Schatten ausgesetzt. Mehrere sterben an Hitzeschlag.

Tolstoi argumentiert, dass diese Gefangenen nicht einfach so gestorben seien: Sie wurden durch die Entscheidungen von Gefängniswärtern, Aufsehern und des Justizsystems, das sie exilierte, getötet. Ihr Tod war keine unvermeidliche Folge eines Verbrechens, das sie vielleicht begangen hatten. Das System hat sie getötet.

Sie starben aufgrund der Entscheidungen anderer Menschen, und doch wurde niemand dafür zur Rechenschaft gezogen. Der Grund dafür sei, so Tolstoi, dass die Verantwortlichen glauben konnten, dass »es Situationen auf der Welt gibt, in denen man nicht verpflichtet ist, sich gegen seine Mitmenschen menschlich zu verhalten«.[24] Die Menschen, die für den Tod dieser Gefangenen verantwortlich waren, hätten sich anders verhalten, wären ihre eigenen Familien zum Bahnhof geschickt worden. Sie hätten ihre Verwandten nicht einer derartigen Hitze ausgesetzt. Sie hätten für Schatten und Wasser gesorgt oder gewartet, bis es kühler wird.

Die Aufseher gaben ihr Mitgefühl auf, weil sie die Gefangenen als mindere Menschen betrachteten und weil sie die Erwartungen an ihre Arbeit mehr schätzten als ihre Menschlichkeit.

Genauso liegt auch die Sache bei denjenigen an, die für umweltverschmutzende Unternehmen arbeiten. Mitarbeiter in der Fossilenergiebranche, der Zementindustrie, der Automobilherstellung und in so vielen anderen Unternehmen, die den Planeten schädigen, haben ihren Sinn für Menschlichkeit und ihre Liebe zu den Menschen um sie herum verloren. Sie sind abgestumpft: Sie haben ihre Pflicht gegenüber allen anderen vergessen. Diejenigen, die Flugzeuge fliegen lassen und Autofabriken bauen, würden niemals das Leben ihrer Familien in Gefahr bringen oder die Zukunft ihrer Enkel riskieren. Dennoch tun sie es jeden Tag im Kollektiv, versteckt unter dem Mäntelchen der Pflicht gegenüber ihren Unternehmen, sodass das, was sie tun, okay erscheint, obwohl dem ganz und gar nicht so ist.

Hören Sie auch das La-la-Lied?

Es gibt zahllose andere, die sich ebenfalls gegen Veränderungen stemmen, meist deshalb, weil sie in der einen oder anderen Form vom derzeitigen System profitieren. Für sie gibt es keinen Grund, etwas daran zu ändern – auch wenn ihnen gesagt wird, dass sie damit letztlich wie alle anderen auch als Schmorbraten enden werden. Sie blenden apokalyptische Botschaften einfach aus, obwohl es jede Menge Beweise dafür gibt, dass auf die Wirtschaft und die Umwelt ein Tsunami zukommt. Ihnen fällt es einfach zu schwer, sich eine Zukunft vorzustellen, die nicht bloß eine extrapolierte Version dessen ist, wie sie jetzt leben. Covid-19 ist dafür das beste Beispiel. Selbst als die Infektionsraten explodierten und die Zahl der Todesopfer in die Höhe schoss, drängten Millionen von Menschen darauf, so weiterzuleben wie zuvor. Eine nicht lineare Veränderung war für sie schlicht nicht vorstellbar. Menschen haben eine fantastische Fähigkeit, das La-la-Lied zu singen.

Widerstände, Hindernisse und Stolpersteine

Menschen singen das La-la-Lied

Aus diesem Grund haben wir den La-la-Index erfunden. Der La-la-Index ist ein Maß für die Entschlossenheit verschiedener Länder oder Regionen, sich Finger in die Ohren zu stecken (bildhaft gesprochen natürlich) und »La la la« zu singen, weil sie nicht hören wollen, wie es wirklich um die Welt bestellt ist. Der Index ist auf jede schwierige Realität anwendbar – vom Kind, das sich weigert, zu Bett zu gehen, über die Reaktion der Menschen auf Covid-19, bis hin zur globalen Gesellschaft, die mit einer drohenden Klimakatastrophe konfrontiert ist.

Im folgenden Beispiel haben wir den Index auf einige Länder angewendet, um zu veranschaulichen, wie unterschiedlich sie auf die Bedrohung durch die Covid-19-Viruspandemie im ersten Halbjahr 2020 reagiert haben.

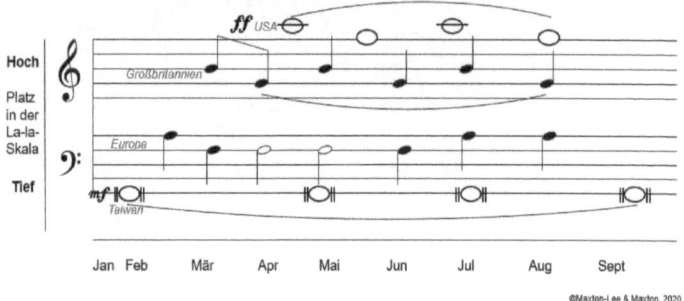

Der La-la-Index

Taiwan tönt auf dem Index ganz unten, oder eigentlich gar nicht: Das La-la-Lied war hier nirgendwo zu hören. Als sich das Virus auszubreiten begann, ergriff Taiwan schnelle und umfassende Maßnahmen, schloss das Land für Reisende und verpflichtete alle Bürger, Masken in der Öffentlichkeit zu tragen, Hände zu waschen und von zu Hause aus zu arbeiten. Die Taiwanesen handelten zu einem frühen Zeitpunkt, wandten die Maßnahmen konsequent an und waren ultravorsichtig, was deren Aufhebung anging. Während wir diese Zeilen schreiben, im August 2020, war es immer noch schwer möglich, Taiwan zu verlassen und wieder einzureisen.

Europa, die nächste Region auf dem Index, reagierte langsamer und erlaubte weiterhin interregionale Reisen, auch als die Erkrankungsfälle in Italien bereits explodierten. Dann, als die Behörden das rasante Tempo der Ausbreitung erkannten, wurden Lockdowns in Hauruck-Aktionen mit wenig Vorwarnung verhängt. Die Maßnahmen waren einigermaßen streng, doch deren Wirksamkeit wurde mancherorts infolge des egoistischen Verhaltens Einzelner unterminiert. Erst in den Sommermonaten 2020 begannen die Europäer ernsthaft, das La-la-Lied zu singen, als der Wunsch nach Urlaubsreisen stärker war als das Faktum, dass immer noch viele Menschen erkrankten. Die allseits bekannte Ausnahme vom allgemeinen europäischen Trend bildete Schweden, wo das La-la-Lied sogar ABBA den Rang ablief. Die Schweden unternahmen praktisch gar nichts gegen die Ausbreitung der Krankheit und hatten (per August 2020) pro Kopf der Bevölkerung eine der höchsten Sterblichkeitsraten der Welt.[25]

Großbritannien und die USA rangieren im La-la-Index ganz weit oben, legen sie doch eine erstaunliche Fähigkeit an den Tag, eine sichtbare, akute Bedrohung zu ignorieren – und das trotz der immer deutlicheren Datenlage und Erfahrungen in anderen Ländern. Die USA und Großbritannien vermochten auf geradezu beeindruckende Weise so zu tun, als würde ihr eigenes Volk nicht leiden und sterben. Sie waren in der Lage, sich die Finger tief in die Ohren zu stecken und das La-la-Lied aus voller Kraft und in höchsten Lagen zu singen, mit einem chaotischen Hin und Her an Maßnahmen, ständig geänderten Meinungen zu Strategien und Empfehlungen, in ihrem generellen Kurs so schlingernd wie ein Betrunkener am Steuer eines schweren Geländewagens.

Der La-la-Index ist natürlich nicht absolut zu verstehen. Wenn ein Land in einer Situation ganz unten rangiert, bedeutet dies nicht zwangsläufig, dass in einer anderen Situation dasselbe gilt. Aber der Index erlaubt uns einige nützliche Erkenntnisse darüber, wie gut Gesellschaften in der Lage sind, faktische Informationen zu akzeptieren und entsprechend zu reagieren. Für die Länder im obersten Indexbereich war ein so radikaler Eingriff wie das Herunterfahren ihrer Wirtschaft schlicht nicht vorstellbar. Hunderttausende Unternehmen sowie Millionen von Menschen, deren Einkommen, Mieten, Darlehen und Lebensplanung davon abhingen, dass die Wirtschaft am Laufen blieb, stemmten sich gegen die wissenschaftlichen Erkenntnisse, obwohl Tausende deshalb sterben mussten.

Dass Menschen in Krisenzeiten nicht in der Lage sind, alternative Lösungen in Betracht zu ziehen, ist ein weiteres Hindernis auf dem Weg zur Bewältigung des Klimawandels. Wenn die Kernbotschaft dem tradierten Denken widerspricht, singen viele Menschen das La-la-Lied und weigern sich, auch nur darüber nachzudenken. All jene, die für den Wandel kämpfen, müssen sich über dieses Phänomen im Klaren sein und einen überzeugenden, leicht verständlichen Gegenentwurf präsentieren, der anschaulich aufklärt und die Verweigerer und Leugner zu einem raschen Umdenken motiviert.

Veränderungsvorkämpfer müssen aufzeigen, dass es alternative Lösungen gibt. Zu Beginn der Covid-19-Krise zahlten viele Staaten Unterstützungen an jene Menschen aus, die aufgrund von Schließungsmaßnahmen ohne Einkommen dastanden, damit diese ihr Leben weiterleben konnten. Das war schwierig, weil dazu erst einmal ein Umdenken erforderlich war. Regierungen mussten viele dafür bezahlen, dass sie zu Hause blieben, und viele mussten Zahlungen annehmen, ohne dafür zu arbeiten. Einige Regierungen widersetzten sich dem Programm, aus Angst vor den wirtschaftlichen Konsequenzen und weil sie fürchteten, dass sich die Unterstützungsempfänger an diese Zahlungen gewöhnen könnten und später womöglich nicht mehr willens wären, wieder arbeiten zu gehen.

Doch genau das wird während des Übergangs nötig sein. All jene, die während der Umstellungen auf ein nachhaltiges System ihre Arbeit verlieren, müssen großzügig vom Staat bezahlt werden, damit sie die Veränderungen begrüßen. Die Regierungen müssen außerdem akzeptieren, dass einige dieser Zahlungen auf Jahre hinaus nötig sein werden. Menschen müssen umgeschult werden, um in einer post-fossilen Welt arbeiten zu können. Es wird einige Zeit dauern, bis dies umgesetzt werden kann und neue Geschäftsfelder entstehen.

Wo soll das Geld dafür herkommen?

Geld ist nicht das Problem

Die Frage des Geldes ist schnell beantwortet: Regierungen können es drucken. Nach der Finanzkrise 2008 druckten Staaten auf der ganzen Welt Billionen von Dollar, Pfund, Euro und Yen, um das Bankensystem zu retten. Wenn es damals möglich war, sollte es jetzt erst recht möglich sein – immerhin geht es diesmal darum, den gesellschaftlichen Kollaps zu verhindern.

Geld in dieser Größenordnung zu drucken könnte natürlich wirtschaftliche Probleme verursachen, andererseits ist nicht viel passiert, nachdem die Zentralbanken 2008 die Druckerpressen zur Rettung des Bankensystems anwarfen. Weder ist die Inflation hochgeschnellt, noch sind Währungen abgestürzt. Die Schulden sind gestiegen, aber Schulden, wie Geld, sind nicht real. Sie sind nur Zahlen in Computern, die auch Löschtasten haben. Schulden zu ignorieren kann zu Konflikten führen, daher muss dies diplomatisch gehandhabt werden. Aber selbst wenn das Drucken von Geld wirtschaftliche Probleme und einen Schuldenanstieg verursacht, wird es nicht unweigerlich zum Tod von Hunderten von Millionen Menschen führen. Ein außer Kontrolle geratener Klimawandel jedoch schon.

Emotionale Auswirkungen

Zusätzlich zur erforderlichen finanziellen Unterstützung wird die Schließung nicht nachhaltiger Industrien auch Folgen für die Psyche haben. Viele Menschen haben wegen Covid-19 ihre Arbeit verloren und damit oft auch ihre Identität, ihren empfundenen Platz in der Gesellschaft. Emotional ist das doppelt belastend: Sie müssen zum einen das Trauma des Arbeitsplatzverlustes verarbeiten und gleichzeitig Verständnis für die Notwendigkeit der Kürzungen aufbringen.

Für die meisten Menschen ist der Jobverlust traumatisch. Für manche kann es sich wie eine Ablehnung ihrer Person anfühlen (»Ich werde nicht gebraucht«), was zutiefst verletzend ist. Ein Jobverlust kann zu tiefer Trauer führen, ebenso schmerzhaft wie das Ende einer Beziehung. Bei einem langjährigen Arbeitsverhältnis sind die Kollegen oft Freunde. Vielleicht sogar wie Familie. Diese Menschen nicht mehr täglich zu sehen, in derselben vertrauten Umgebung, kann dazu führen, dass man den Halt verliert. Viele Menschen identifizieren sich über ihre Arbeit und fühlen sich entwurzelt, wenn dieser Teil ihrer Identität plötzlich wegfällt.

Menschen, die ihren Arbeitsplatz verloren haben (oder in Rente gegangen sind), fragen sich oft: »Wer bin ich jetzt? Was bin ich?« Wenn diese Fragen nicht ausreichend bedacht und gehandhabt werden, können sie zu einer tieferen, existenziellen Krise führen, in der die Person den Sinn des Lebens selbst infrage stellt. Für diese Menschen ist dann der Griff zu Drogen, Alkohol oder Glücksspielen mitunter nicht mehr weit.

Eng mit der Frage der eigenen Identität verbunden ist auch die Blase »Mir geht es gut«, in die sich alle bis zu einem gewissen Grad einhüllen. Dies ist eine natürliche, menschlich instinktive Form, mit den vielen schwierigen Situationen im Leben umzugehen, von »Ich möchte nicht schon wieder Weihnachten mit Onkel Walter feiern« bis hin zu »Eigentlich weiß ich, auch wenn ich es nicht wahrhaben will, dass meine Firma mit ihren Ölgeschäften Menschen tötet«.

Natürlich wacht niemand morgens auf und sagt: »Yippie! Heute werde ich weiter den Planeten zerstören und Unschuldige morden!« Das tun nicht einmal Menschen in der sogenannten »Verteidigungsindustrie« oder im Militär. Menschen in umweltschädigenden Unternehmen reden sich ein, dass das, was sie tun, einen Sinn und Zweck hat. Im Kontext des Klimawandels ist dies ein großes Problem, da es das erforderliche Umdenken erschwert. Nehmen wir Norwegen als Beispiel: Vier Prozent der norwegischen Bevölkerung arbeiten direkt oder indirekt in der Erdölindustrie. Stellen Sie sich das psychische Trauma dieser Menschen, ihrer Brüder, Mütter, Väter und Tanten vor, wenn sie tatsächlich akzeptieren müssten, dass ihre Arbeit Menschen umbringt. Sich eine derartige Wahrheit einzugestehen, würde die Psyche einer Person in ihren Grundfesten erschüttern. Für die Bewältigung dieser emotionalen Herausforderungen wird daher eine große Anzahl gut ausgebildeter und sensibilisierter Unterstützungskräfte benötigt.

Diese psychischen Auswirkungen können genauso real sein wie eine körperliche Verletzung; ein gebrochenes Herz schmerzt ebenso sehr wie ein gebrochenes Bein. Das neue System wird starke Arme brauchen, um jene Menschen aufzufangen, die in ihrem Schmerz und ihrer Enttäuschung nicht mehr weiter wissen und abzustürzen drohen. Diesen Menschen muss geholfen werden, damit sie verstehen, warum die Einschnitte notwendig sind. Das System muss ihnen helfen, sich zu fangen und einen neuen Sinn in ihrem Dasein zu finden.

Es gibt jedoch Widerstände auf einem Niveau, das ganz anders gelagert ist als die Unfähigkeit, sich unangenehme Wahrheiten anzuhören oder schwierige Umstellungen mitzumachen. Diese Widerstände sind weitaus stärker, beängstigender und ja, bedrohlicher. Wie zuvor erwähnt, gibt es diese Unternehmen und Personengruppen, die tatsächlich die Katastrophe zu verantworten haben, mit der wir nun alle konfrontiert sind. Diese Menschen wissen sehr gut, was passiert, dennoch verdrehen sie bewusst die Wahrheit, weil sie von der aktuellen Situation profitieren möchten. Anstatt die Notwendigkeit des Wandels zu akzeptieren, besteht ihr Ziel vielmehr in der weiteren Stärkung des Systems, das ihnen schon so viel Reichtum und Macht gebracht hat.

Große Ölgesellschaften – darunter Exxon, Mobil, Amoco, Phillips, Texaco, Shell, Sunoco, Sohio sowie Standard Oil of California und Gulf Oil (zwei Unternehmen, die zu Chevron fusionierten)[26] – wussten schon in den 1980er-Jahren, dass die Verbrennung fossiler Brennstoffe den Klimawandel verursacht, und sie wussten auch, wie gefährlich diese Situation werden würde. Heute werben diese Ölgesellschaften mit sündhaft teuren Image-Kampagnen dafür, dass sie Maßnahmen gegen den Klimawandel unterstützen, während sie gleichzeitig in aller Seelenruhe ihr Geschäft mit der Gewinnung fossiler Brennstoffe weiter ausbauen. Sie stecken auch Hunderte Millionen von Dollar in Aktivitäten, um politische Entscheidungen gegen den Klimawandel zu blockieren, zu verzögern oder zu unterminieren.[27]

Die Leute, die diese Unternehmen kontrollieren und finanzieren, gehören zu den reichsten der Welt und wissen, wie man Informationen geschickt für eigene Zwecke nutzt. Eine ihrer Taktiken ist das sogenannte Astroturfing – eine dem Anschein nach grüne, löbliche Graswurzelbewegung, aber in Wahrheit so künstlich wie der Kunstrasen desselben Namens. Bei diesem Astroturfing also werden Verbraucher- und Bürgerbewegungen initiiert, die von der fossilen Brennstoffindustrie finanziert und gesteuert werden. Die Tabakindustrie hat sich vor vielen Jahren desselben Kunstgriffs bedient. Diese Leute leugnen und diskreditieren Fakten und vermitteln gleichzeitig den Eindruck, dass bestimmte umweltschädigende Produkte oder Handlungen von einer breiten Öffentlichkeit unterstützt werden. In ihrer Trickkiste finden sich noch viele andere ausgebuffte Taktiken, die bewusst die Gesellschaft spalten sollen, und sie werden auch weiterhin ein großes Hindernis darstellen, das Veränderungen blockiert. Die Menschen, die das neue System aufbauen wollen, müssen auf diesen äußerst finanzstarken, mächtigen Widerstand gefasst sein. Sie werden die Lügen entlarven und bekämpfen müssen.

Das große Ganze sehen

Ein weiteres Hindernis ist die Gefahr von internen Grabenkämpfen zwischen den verschiedenen Vorkämpfern für Veränderungen. Man möchte glauben, dass Menschen, die für eine gute Sache kämpfen, im Sinne dieser Sache auch zusammenarbeiten würden und sich nicht von kleinlichen Querelen oder Eifersüchteleien ablenken lassen. Das Ziel, ein besseres Leben für alle zu schaffen, ohne Leid und Zerstörung, müsste doch so wichtig sein, dass alle gewillt wären, an einem Strang zu ziehen. Die Realität ist ein wenig komplizierter.

Nur allzu oft, wenn sich Menschen zusammenfinden, um ein gemeinsames Ziel zu erreichen, kommt es zu Szenen wie jene der »Volksfront von Judäa« im Monty-Python-Film »Das Leben des Brian« aus dem Jahr 1979. In einem Teil des Films sieht man regelmäßig eine kleine Gruppe leidenschaftlicher Anarchisten, die die »imperialistische« römische Herrschaft stürzen wollen. Sie reden von revolutionärem Wandel und steigern sich immer weiter hinein. Schließlich verzetteln sie sich in internen Zerwürfnissen. Sie reden und reden, kriegen aber nichts gebacken.

Wenn Menschen zusammenkommen, um gegen etwas so Wichtiges wie den Klimawandel zu kämpfen, würde man meinen, dass gewisse Unterschiede keine Rolle spielen. Doch widersprüchliche Vorstellungen davon, was wichtig ist, können große Risse verursachen. Daher ist es unerlässlich, dass alle den Blick für das große Ganze bewahren. Es gibt nur ein Ziel: die zunehmende Erwärmung der Erde zu stoppen, bevor sie vollends außer Kontrolle gerät. Und dazu gibt es nur einen Weg: Die Treibhausgasemissionen müssen innerhalb von zehn Jahren um 60 Prozent und dann auf null gesenkt werden. Dadurch könnten auch andere Probleme, sozialer Natur, gelindert werden, insbesondere wenn gleichzeitig ein neues politisches System Einzug hält. Aber das sollte nicht die Priorität sein. Das eine zentrale Ziel muss jederzeit klar im Vordergrund bleiben.

Leider gibt es diese menschliche Tendenz, sich gegenseitig zu attackieren, statt sich um Einheit zu bemühen. Die »Volksfront von Judäa« hasste andere, nahezu identische Widerstandsgruppen, wie etwa die »Judäische Volksfront« und die »Populäre Front«, obwohl sie für genau dieselbe Sache kämpften. Diese Szene im Film sollte man sich stets vergegenwärtigen. Gesellschaften müssen sich daran erinnern, dass der gemeinsame Feind die Kohlenstoffemissionen und die sie produzierenden menschlichen Aktivitäten sind.

Das bedeutet, dass die Menschen neue Formen der Zusammenarbeit finden müssen. Am Anfang wird dies oft spannend und aufregend sein, vielleicht sogar ein wenig romantisch. Aber sobald es dann an die nicht mehr ganz so romantische Arbeit geht, ein neues System aufzubauen und zum Funktionieren zu bringen, wird der anfängliche Glanz verblassen. Ideologien werden aufeinanderprallen, Persönlichkeiten aneinandergeraten. Jeder sollte dann in sich gehen und sich zu Solidarität durchringen, über Irritationen, Antipathien und Missgunst hinwegsehen und sich einzig und allein auf das große, übergeordnete Ziel konzentrieren.

Vieles lässt sich von kooperativen Gesellschaften wie in Teilen Asiens und Europas lernen. Dabei denken wir vor allem an Länder wie Taiwan, Deutschland, Frankreich, Österreich und die Länder Skandinaviens. Einige davon haben schwierige, traumatische Zeiten durchgemacht, doch vielleicht haben ihre Bürger gerade deshalb eine Kultur des Miteinander entwickelt, die auf gegenseitigem Respekt und einem gemeinsamen Ziel beruht. In deren Diskussionen geht es nicht darum, dass eine Seite auf Kosten einer anderen gewinnt. Sie sind lösungsorientiert und nicht so konfrontativ, wie dies im englischsprachigen Raum leider oft der Fall ist. Natürlich gibt es auch Konflikte, aber wenn die beste Lösung für alle gefunden werden soll, finden die Menschen in der Regel eine Möglichkeit zur Zusammenarbeit.

Wenn es darum geht, die beste Lösung zu finden, wird es vielen schwerfallen, ihren Glauben an alte Weisheiten und Prioritäten aufzugeben. So manches, was als gesunder Menschenverstand gilt (Suppe nicht mit der Gabel essen, Finger nicht in die Steckdose stecken), ist im Allgemeinen keine Weisheit, die einem angeboren ist, sondern eine Ansicht, die einem anerzogen wird. Auch die Weltsicht wird einem anerzogen. Abgesehen von grundlegenden Alltagsbedürfnissen (Essen, Kleidung, Liebe, einen Platz zum Wohnen und Schlafen) werden die Prioritäten der Menschen von einem Tag auf den nächsten meist von der Gesellschaft geformt. Dadurch wird es schwierig für sie zu erkennen, dass ihre Weltsicht ein Konstrukt ist. Es ist nicht fix. Und wenn sich Prioritäten ändern müssen, ist das für sie umso schwieriger zu verstehen. Dabei muss genau das geschehen.

Vor allem wegen des Erfolgs der Mont Pèlerin Society herrscht der Glaube vor, dass Wirtschaftswachstum, Individualismus und minimale Regulierung den einzig gangbaren Weg darstellen. Es drängt sich der Vergleich mit einer feuda-

Widerstände, Hindernisse und Stolpersteine

len, mittelalterlichen Gesellschaft auf, in der ein Leibeigener blindlings dem für ihn vorgegebenen System folgt und sich keine Alternative vorstellen kann. Er steht mit der Sonne auf, arbeitet für seinen Herrn, gibt von dem, was er erntet, den Großteil ab und hungert, wenn er seinen Zehnten nicht bezahlen kann. So sieht es die natürliche Ordnung vor.

Der Glaube an das heutige System sitzt sehr tief und ist nahezu unerschütterlich. Die meisten Menschen halten es für normal, dass Unternehmen jedes Quartal immer mehr Gewinn verbuchen. Sie machen sich Sorgen, wenn das Wirtschaftswachstum nachlässt oder die Aktienmärkte fallen. Deshalb können sie nur schwer über den Tellerrand ihrer »So muss es sein«-Überzeugung hinausdenken, obwohl die Menschheit nahezu alles um- und neu lernen muss. Das Streben nach endlosem Wirtschaftswachstum und kurzfristiger Gewinnmaximierung ist tödlich. Es ist die Ursache für den Klimawandel und für immer mehr Ungleichheit. Doch die meisten Menschen jagen weiter nach dem Topf voller Gold am Ende des neoliberalen Regenbogens, infiziert durch Billionen von Botschaften, die sich wie Bazillen durch Werbung, Schulen, Fernsehen, soziale Medien, Politiker und PR-Spezialisten in der Gesellschaft eingenistet haben. Die menschliche Gesellschaft ist mittlerweile süchtig nach der Droge »mehr Geld, jetzt!« und muss nun in den kalten Entzug.

Im neuen Denken müssen diese neoliberalen Lügen gnadenlos entlarvt und für alle Welt sichtbar gemacht werden, gleichzeitig sind jene Menschen vor Gericht zu stellen, die für den Klimawandel verantwortlich sind – die Führungsspitzen der Fossilunternehmen, Fluggesellschaften und Automobilhersteller sowie deren Aktionäre und all jene, die wissentlich diese schädlichen Gase erzeugt haben, bloß um kurzfristige Gewinne zu erzielen. Auch jene, die diese Unternehmen finanziert oder durch Marketing und Werbung unterstützt haben, sowie jene, die diese Schädigungen geleugnet oder als okay dargestellt haben, sind wegen Verbrechen an der Menschheit und der Natur zu belangen.

Nun ist es natürlich so, dass diese Unternehmen große, schlagfertige Teams von hoch dotierten Juristen beschäftigen, weshalb es bisher schwierig war, die Drahtzieher dieser Taten zur Rechenschaft zu ziehen. Die Verantwortlichen konnten sich hinter dem Schutzschild eines gesichtslosen Unternehmens verschanzen. Die Anwaltskanzleien, die dazu beigetragen haben, diese Menschen zu schützen, und die Juraprofessoren und Universitäten, die gelehrt haben, wie man Lug und Trug in die Gesellschaft hineinträgt, so als sei dies vollkommen redlich, sollten für ihre Verbrechen in aller Öffentlichkeit bloßgestellt und ebenfalls belangt werden. Auch PR-Agenturen und alle, die mit Verunsicherung und Zweifel Geschäfte gemacht haben, sind zur Rechenschaft zu ziehen. Die Taten dieser gierigen, gewissenlosen Menschen haben uns alle in eine Katastrophe geführt. Warum sollten sie also ungestraft davonkommen, so als ob das, was sie getan haben, in Ordnung wäre?

Die egoistischen Handlungen dieser und vieler anderer Menschen werden in westlichen Gesellschaften häufig unter dem Banner der »Freiheit« verteidigt. Dabei ist jedoch zu unterscheiden zwischen der individuellen Freiheit, die anderen keinen Schaden zufügt, und dem, was diese Menschen getan haben. Momentan verteidigen Gesellschaften immer noch das Recht des Einzelnen, kurzfristige Gewinnmaximierung zu verfolgen, auch wenn andere Menschen dabei zu Schaden kommen, da die Logik der individuellen Freiheit nicht mehr in Relation zum Wohl – beziehungsweise Schaden – der Allgemeinheit gesetzt wird.

Wir – nicht ich, ich, ich

Weil den Menschen eine bestimmte Denke eingetrichtert worden ist, können sich viele nicht vorstellen, ihre individuellen Freiheiten aufzugeben. Sie verteidigen sie vehement, oftmals vollkommen irrational, und ignorieren geflissentlich den Schaden, der anderen Menschen durch ihr Handeln zugefügt wird. Ein klares Beispiel für Gesellschaften, die individuelle Freiheit vor das Wohlergehen anderer stellen, war das heikle Thema des Maskentragens in den frühen Stadien der Covid-19-Pandemie. Dies nahm so extreme Ausmaße an, dass Menschen in Madrid zu Anti-Masken-Demos aufriefen, während in Frankreich ein Busfahrer zu Tode geprügelt wurde, weil er Fahrgäste auf die Maskenpflicht hingewiesen hatte.

Vor der Pandemie fühlten sich Europäer und Amerikaner oft vor den Kopf gestoßen, wenn sie asiatische Touristen mit Mundschutz sahen. Sie dachten fälschlicherweise, dass diese Touristen die Luftqualität für schlecht hielten oder Angst vor Ansteckungen hätten. »Unsere Luft ist sauber!«, beteuerte eine Freundin in Wien. »Unser Krankenhaus ist hygienisch!«, erklärte ein empörter Arzt zu Beginn der Pandemie in Minnesota, als eine taiwanesische Familie kam, um das Neugeborene ihrer Tochter zu besuchen.

Selbst als jeden Tag Tausende starben, weigerten sich viele Menschen in Europa und den USA eine Maske zu tragen, während dies in asiatischen Gesellschaften kein Problem war. Schon vor Covid-19 waren Menschen in Asien daran gewöhnt, bei Erkältung oder Husten eine Maske zu tragen, und das auch dann, wenn der Schnupfen allergiebedingt und nicht ansteckend ist. Warum? Weil Menschen in asiatischen Gesellschaften generell Respekt und Rücksicht gegenüber ihren Mitmenschen zeigen möchten.

Wenn eine Person in Hongkong, Südkorea, Thailand oder Taiwan eine Maske trägt, will sie damit sagen: »Es ist mir wichtig, dass Sie sich wohl und sicher fühlen. Ihr Wohlbefinden ist mir genauso wichtig wie mein eigenes.« Gewissermaßen sagt sie sogar: »Ihr Wohlbefinden ist mir wichtiger als mein eigenes«, denn sie ist bereit, ihren eigenen Komfort hintanzustellen (zum Beispiel indem sie an heißen Tagen eine Maske trägt), damit sich andere wohler fühlen.

Wer sich während der Pandemie weigerte, eine Maske zu tragen, bekundete hingegen: »Meine Freiheit ist mir wichtiger als dein Leben.« Deren Botschaft war: »Ich bin wichtiger als du, deine Familie, deine Oma, dein Umfeld.« Und: »Du bist mir egal, und ich brauche für dich keine Opfer zu bringen.«

Genau das ist auch die Einstellung der westlichen Welt zum Klimawandel. Westliche Entwicklungsexperten fördern sogenannte Programme für nachhaltige Entwicklung in armen Ländern und schlagen radikale Veränderungen in wesentlichen Wirtschaftssektoren vor, ohne äquivalente Veränderungen in westlichen Gesellschaften zur Debatte zu stellen. Norwegen hat Hunderte Millionen Dollar für Programme ausgegeben, um die Entwaldung in Brasilien, Indonesien, Kolumbien, Guyana, Äthiopien, Liberia, Peru, Tansania, Mexiko, Vietnam und dem Kongobecken zu stoppen, anstatt die Ölproduktion im eigenen Land zu reduzieren. »Du da drüben in der armen Welt musst deine Lebensweise ändern«, sagen sie damit, »wir sind nämlich weiter entwickelt. Wir brauchen keine Opfer zu bringen oder unsere Praktiken zu ändern.« Damit wird effektiv gesagt, dass die Freiheit mancher Gesellschaften und mancher Menschen wichtiger ist als das Wohlergehen der Mehrheit. Diese Denke muss sich ändern.

Oft hängt das Denken und Handeln von Menschen davon ab, inwieweit sie das Gefühl haben, dass andere für sie da sind. Menschen stellen sich selbst an erste Stelle, wenn sie meinen, dass da niemand ist, der sie im Fall der Fälle auffängt, oder wenn Arbeitgeber oder Behörden nicht »auf ihrer Seite« zu stehen scheinen. Wenn sie einen Arbeitgeber haben, der immer mehr Überstunden aus ihnen herauszuschinden versucht, und wenn sie das Gefühl haben, immerzu mit allen um die guten Dinge im Leben konkurrieren zu müssen, um voranzukommen, um ein wenig Zeit und Raum und Würde zu gewinnen, ist es eine durchaus natürliche Reaktion, dass sie zuerst an sich selbst und ihre eigenen Bedürfnisse denken.

Aber wenn sie der Gemeinschaft um sich herum vertrauen, wenn sie sich darin sicher und zuversichtlich fühlen, werden sie ein wesentlich geringeres Bedürfnis haben, egoistisch zu handeln. Menschen müssen nicht eifersüchtig über das wachen, was sie haben, wenn es in einer Gemeinschaft genauso viel »Geben« wie »Nehmen« gibt und niemand das Gefühl hat, gegenüber anderen im Hintertreffen zu sein. Menschen sind keine Inseln. Sie müssen nicht allein kämpfen. Inklusive, kooperative Gesellschaften, in denen Menschen füreinander sorgen, sind zufriedener und haben weniger psychische Gesundheitsprobleme. Was kann man daran nicht mögen? Ist das nicht etwas, was man anstreben sollte?

Wie geht es uns?

In diesem Streben des Einzelnen nach Vergnügen und materiellem Besitz gibt es auch eine andere Dimension, die es zu bedenken gilt, damit sich das neue System auf Dauer halten kann.

Die Menschen müssen das Gefühl haben, dass es ihnen gut geht und dass sie vorankommen. Sie müssen das Gefühl haben, dass sie für ihre Bemühungen belohnt werden. Statussymbole wie ein schönes Auto, ein teures Handy und schicke Klamotten geben Menschen das Gefühl, im Vergleich zu anderen gut dazustehen. Sich mit anderen zu vergleichen ist eine natürliche menschliche Regung. Aber manipulative Unternehmen und soziale Medien haben diesen Umstand in den letzten Jahrzehnten für ihre Zwecke genutzt und Menschen davon überzeugt, dass sich Erfolg, Schönheit und Attraktivität in dem widerspiegeln, was sie kaufen.

Auch daraus lässt sich für das neu zu schaffende System etwas lernen. Menschen können durch strategischen Einsatz von Marketing, sozialen Medien, Imagewerbung und Mundpropaganda dazu motiviert werden, ihre Ansprüche und Verhaltensnormen zu überdenken. (Ähnlich wie zum Beispiel die Adbusters oder andere konsumkritische Gruppierungen, die Werbung mit ihren eigenen Mitteln an den Pranger stellen.) Die Werbetechniken, die den Überkonsum und die Einstellung »das ist das, was ich will, und der Rest kann mich mal« befeuert haben, und die den Ruf nach immer mehr als logisch und wünschenswert erscheinen ließen, können verwendet werden, um andere Werte zu fördern. Neue Strategien können den Menschen helfen zu erkennen, dass ein gemeinschaftliches, kooperatives Verhalten nicht »nur« deshalb notwendig ist, um den Planeten und die Zukunft der Menschheit zu retten, sondern weil es auch persönlich wesentlich befriedigender sein kann.

In ihrer ersten Reaktion auf Covid-19 zeigten viele Länder deutlich, dass ihnen nicht klar war, was notwendig war oder warum. Manche Staatschefs behaupteten gar, das Virus sei nichts weiter als eine Art Grippe. Sie dachten, dass nur ältere und immungeschwächte Menschen wirklich daran erkranken könnten, obwohl allein das schon einen Mangel an Fürsorge gegenüber diesen Menschen zeigte.

In Wahrheit ist das Virus für viele Menschen sehr gefährlich. Es breitet sich leicht von Person zu Person aus, über Wassertröpfchen in der Atemluft, und kann viele Tage auf verschiedensten Oberflächen überleben. Wer infiziert ist, kann das Virus wochenlang an andere übertragen, ohne selbst Symptome zu zeigen.

Da manche Regierungsspitzen es vorzogen, nicht auf die Wissenschaftler zu hören – weil es nicht das war, was sie hören wollten – waren die politischen Botschaften in einigen Ländern, etwa in den USA, Spanien, Frankreich und Großbritannien, konfus und widersprüchlich. Die Menschen in diesen Ländern hatten daher keine reelle Chance zu verstehen, weshalb sie ihre Lebensweise in irgendeiner Form ändern sollten. In Ländern, in denen die Risiken klar und konsequent kommuniziert wurden und ein ausgeprägteres Gemeinschaftsgefühl herrschte, verstanden die Menschen die Gefahren und brachten Opfer.

Genau dasselbe gilt für den Klimawandel: Auch hier verstehen viele Gesellschaften nicht, was getan werden muss, oder warum. Sie verstehen weder die Dringlichkeit der notwendigen Maßnahmen noch das Ausmaß dessen, was mit der Welt passiert. Sie glauben, dass Recycling, umweltbewusstes Einkaufen und Investitionen in Windparks das Problem beheben werden. Sie glauben, dass es möglich sein wird, über einen Zeitraum von Jahrzehnten eine Abkehr von fossiler Energie zu erzielen, und dass radikale Umstellungen jetzt noch nicht nötig sind.

Neue Vordenker und Kommunikationsexperten müssen diesen Menschen helfen zu verstehen, wie schnell das Klimaproblem außer Kontrolle geraten wird. Sie müssen verstehen, dass eine schreckliche Zukunft nur dann vermieden werden kann, wenn jeder von uns jetzt, gemeinsam, Opfer bringt. Erst wenn Menschen das verstanden haben, ist es ihnen nicht mehr egal, was da passiert. (Wenn sie das Klimaproblem verstehen, und es ist ihnen trotzdem egal, sind sie Psychopathen, was wiederum ein anderes Problem ist.)

Kolonialismus war früher? Von wegen!

Zusätzlich zum Individualismus – dem als »individuelle Freiheit« getarnten Egoismus – gibt es noch eine andere weitverbreitete Haltung, vor allem in europäischen und nordamerikanischen Kulturen, die Veränderungen behindert. Sie ist eng verbunden mit der »Wir sind wichtiger als ihr«-Einstellung, die in der Klimadebatte dazu führt, dass mit zweierlei Maß gemessen wird, jedoch mit der zusätzlichen Dimension der tödlichen Waffengewalt.

Im 18. und 19. Jahrhundert kamen die meisten Länder Europas sowie Großbritannien durch den »Aufbau von Kolonien« – besser bekannt als »Diebstahl« – zu Reichtum. Damals war es gesellschaftlich und politisch offenbar akzeptabel, Schiffe zu entsenden und bei der Ankunft in einem anderen Land den Einheimischen dort zu sagen: »He, schaut mal her, das sind unsere Gewehre und Kanonen, und ihr und euer ganzer Reichtum, das gehört jetzt alles uns.«[28]

Heutzutage glauben die meisten, dies sei jetzt nicht mehr so. Ihnen ist nicht klar, wie tief diese jahrzehnte- bis jahrhundertelange Vergewaltigung, Plünderung und Ausbeutung die Kultur geprägt hat. Wenn Menschen überhaupt an diese Zeiten denken, dann meist in der Überzeugung, dass imperiale Dominanz, Diebstahl und Raubbau an natürlichen Ressourcen unter Androhung von Waffengewalt der Vergangenheit angehören.

Dem ist leider nicht so. Die koloniale Denke lebt prächtig weiter wie eh und je, nur dass sie heute unter der Bezeichnung »freie Marktwirtschaft« und »gute Geschäftspraxis« läuft. Vergleichen wir das doch einmal miteinander, das Damals mit dem Heute, den Kolonialismus mit der modernen Wirtschaft:

Teil 2 – Verstanden! Und jetzt?

Früher	Jetzt
Länder der westlichen Welt glaubten, dass ihr Volk überlegen, modern und fortschrittlich sei. Gott hatte diese Länder mit Technologie und überlegenem Wissen gesegnet.	Länder der westlichen Welt glauben, dass ihre Unternehmen überlegen, modern und fortschrittlicher sind. Diese Länder sind »entwickelt«, weil ihnen die Wissenschaft Technologie und überlegenes Wissen gegeben hat.
Länder der westlichen Welt glaubten, dass andere, »weniger zivilisierte« Länder lernen sollten, mehr so zu sein wie sie. Sie sollten demselben Gott folgen und westlichen Ländern erlauben, ihre Rohstoffe mithilfe lokaler Sklavenarbeit abzubauen und zu exportieren.	Länder der westlichen Welt glauben, dass andere, »weniger entwickelte« Länder lernen sollten, mehr so zu sein wie sie. Sie sollen die gleiche Wirtschaftsideologie übernehmen und westlichen Unternehmen erlauben, Produktionsstätten an Orten mit geringen Lohnkosten und Umweltvorschriften zu errichten und weiter ihre Rohstoffe zu exportieren.
Länder der westlichen Welt glaubten, die Armut in armen Ländern sei darauf zurückzuführen, dass die Einheimischen undiszipliniert seien und nie gelernt hätten, zivilisiert zu denken. Sie glaubten nicht, dass dies daran lag, dass westliche Länder den ganzen Reichtum fortschafften und arme Länder in eine Lage versetzten, aus der sie sich mangels Mittel kaum selbst befreien konnten.	Länder der westlichen Welt glauben, die Armut und Umweltzerstörung in »weniger entwickelten« Ländern sei darauf zurückzuführen, dass die Einheimischen undiszipliniert seien und nie gelernt hätten, nachhaltig zu denken. Sie glauben nicht, dass dies daran liegt, dass westliche Länder Rohstoffe fortschaffen, billige Fertigung fordern und »weniger entwickelte« Länder in eine Lage versetzen, aus der sie sich mangels Mittel kaum selbst befreien können.

Widerstände, Hindernisse und Stolpersteine

Die postkoloniale Denke ist daher lediglich altes Kolonialdenken in neuen Schläuchen und ein großes Hindernis für Veränderungen. Westliche Länder dominieren weltweit den Handel und die Diplomatie. Sie entscheiden über die Regeln der globalen wirtschaftlichen Teilhabe. Für die mittlerweile »befreiten« ehemaligen Kolonien ist es unmöglich, nachhaltige Volkswirtschaften aufzubauen, weil sie gezwungen sind, die Produktionsstätten, billige Arbeitskräfte und Bodenschätze bereitzustellen, die die wirtschaftlich dominanten Länder verlangen. Die Länder des Westens kultivieren seit Jahrhunderten die Eliten in der armen Welt und haben sie dazu gebracht, den Reichtum ihrer Nationen zu verkaufen. Diese Strategie war der Schlüssel zur westlichen Machtherrschaft, von Indien bis Indonesien. Kein Wunder, dass Länder wie China keinen moralischen Widerspruch darin sehen, heute dasselbe zu tun.

Indem die reiche Welt auf offenen Märkten beharrt und mittels Geld und Wettbewerb dafür sorgt, dass Unternehmen in armen Ländern nur eingeschränkt in technologische Entwicklung investieren können, bleibt die arme Welt dauerhaft arm. Die Länder der armen Welt werden nie mehr tun können, als der Natur aus Minen, Böden und Wäldern Rohstoffe abzuringen, es sei denn, sie errichten Handelsschranken, um ihre Unternehmen in der Wachstumsphase zu schützen. Das ist jedoch unmöglich, da in diesem Fall wirtschaftlich lähmende Handelssanktionen gegen sie verhängt werden würden. Genau wie im 19. Jahrhundert ist die arme Welt in einer ausweglosen Situation gefangen und tanzt zur Pfeife der Hochfinanz der Wall Street und der City of London. Die einzigen Länder, die dieses Problem erfolgreich bewältigt haben, sind Japan, Südkorea, China und in etwas geringerem Maße Vietnam und Thailand. Diese Länder errichteten Handelsbarrieren, die teilweise nicht so leicht als solche zu erkennen waren, förderten viele Jahre lang ihre eigenen nationalen Champions und öffneten sich erst dann allmählich dem Rest der Welt, als sie dazu bereit waren.

In der Vergangenheit gab es für viele Länder deutliche und blutige Konsequenzen, wenn sie es wagten, ihre Rohstoffe außerhalb dieses westlich dominierten Systems für sich zu behalten, ihre Volkswirtschaften auszubauen und autark zu werden. Indonesien, Panama, Kongo, Venezuela, Kuba, Iran, Chile, Irak – Länder, die ihre Schicksale selbst in die Hand zu nehmen versuchten – mussten erleben, wie ihre Anführer entmachtet (oder ermordet) und durch eine dem Westen freundlich gesinnte Regierung ersetzt wurden, damit die Rohstoffplünderung weitergehen konnte. Manchmal geschah dies auf Betreiben privater Unternehmen, wie etwa in Guatemala auf Geheiß der United Fruit Company (heute Chiquita).

Heute ist es nicht anders. Die wirtschaftliche und militärische Vormachtstellung des Westens zwingt schwächere Länder, ihre Häfen und Tore offenzuhalten, genau wie im 19. Jahrhundert. Das heutige Kanonenboot »Diplomatie« ist aber um noch eine Dimension reicher, die an Zynismus kaum mehr zu überbieten ist. Westliche Länder können nun zusätzliche Profite herausschlagen, indem sie die zuvor wirtschaftlich kolonisierten Länder mit Waffen beliefern. Die USA, Frankreich, Deutschland und Großbritannien gehören zu den größten Waffenexporteuren der Welt.

Man muss sich im Übrigen fragen: Warum steckt die reiche Welt weiterhin so viel Geld und Aufwand in eine Branche, die Tod, Elend und Spaltung bringt? Wer sind diese Menschen, die Tötungsmaschinerien finanzieren und trotzdem nachts ruhig schlafen können? Warum fließt so viel kreative und technologische Energie in Mord, Folter und Schmerz, wenn diese Kreativität und diese Mittel benötigt werden, um den Planeten vor einer bald nicht mehr kontrollierbaren Klimakatastrophe zu retten?

Was wäre, wenn man all diese Energie und all dieses Geld dafür verwenden würde, bessere Gemeinwesen aufzubauen, anstatt sie zu zerbomben?

Wo sollte der Übergang beginnen?

Wir haben uns damit befasst, wie ein neues System aussehen muss, und welche politische Bewegung dafür erforderlich ist, und wir haben auch einige Hürden diskutiert, die in Verbindung damit überwunden werden müssen. Eine weitere wichtige Frage ist, von wo der Übergang ausgehen kann und wo Menschen gefunden werden können, die sich der Arbeit widmen würden.

So wie auch zuvor haben wir hier ebenso nach Beispielen weltweit gesucht, die als Inspiration dienen können.

Bei der Umsetzung der sozialen Veränderungen, die zur Bewältigung des Klimaproblems erforderlich sind, tun sich einige Länder stärker hervor als andere. In Deutschland, Österreich, Skandinavien sowie in den pazifischen Inselstaaten, die am stärksten von steigenden Temperaturen und Meeresspiegeln betroffen sind, ist das Verständnis für das Ausmaß der notwendigen Veränderungen im Allgemeinen gut. Die

Mehrheit der Menschen in diesen Ländern ist sich im Klaren, was geschehen muss, und viele sind bereit, kollektiv im langfristigen Interesse der Gesellschaft zu handeln.

In einigen anderen Ländern ist Verständnis dafür oft in einzelnen, durchaus großen Gruppen vorhanden, denen jedoch eine mächtige Phalanx aus den Reihen der Finanzwelt, der Industrie und der Klimaleugner gegenübersteht. Das macht es schwieriger, den für den Wandel notwendigen politischen Konsens zu schaffen, auch wenn es in bestimmten Städten, Regionen oder Staaten dennoch möglich sein kann. Hier beziehen wir uns speziell auf die USA, Kanada, die Schweiz, Großbritannien und Australien.

Es gibt auch Länder, in denen eher nur vereinzelt Verständnis herrscht, wie in Frankreich, Spanien und Italien, und in Ländern wie China, wo sich die Regierung über die Bedrohung durch den Klimawandel gut im Klaren ist, die Bevölkerung aber wenig Verständnis aufbringt. China ist der mit Abstand größte CO_2-Emittent der Welt, hat aber paradoxerweise trotzdem den Anspruch erhoben, »eine ökologische Zivilisation« aufbauen zu wollen. Dies steht im krassen Widerspruch zu seinem Entwicklungsmodell der letzten 30 Jahre, das nahezu ausschließlich auf schnellem Wirtschaftswachstum, sehr hoher Industrieproduktion und massiver Rohstoffgewinnung beruht, mit verheerenden Folgen für die Umwelt. Seit dem Ausbruch von Covid-19 hat sich das Land allerdings von erneuerbaren Energien abgewendet und wieder zurück auf Kohle verlegt, was das Klimaproblem noch weiter verschärft.

Dies ist einigermaßen verblüffend, weiß die chinesische Regierung doch nur allzu gut, dass Hunderte Millionen in der Bevölkerung sehr stark vom Klimawandel betroffen sein werden und dass Städte wie Shanghai, Shenzhen und andere Teile des Perlflussdeltas wegen der steigenden Meeresspiegel noch vor 2050 unbewohnbar sein werden.[29]

Es gibt Länder, in denen jede Diskussion über den Klimawandel auf offene Feindseligkeit und vehementen Widerstand trifft. Dies sind vor allem Länder mit großer Abhängigkeit von der Fossilindustrie – im Nahen Osten sowie in Russland, Zentralasien und im Kaukasus. Das ist verständlich und nachvollziehbar. Ohne fossile Energie wären viele dieser Länder sehr viel ärmer als heute. Sie benötigen während der Umstellungen daher eine besonders umsichtige Unterstützung, damit sich ihr Wohlergehen nicht verschlechtert.

Es gibt auch eine sehr große Anzahl von Ländern, in denen sowohl in der Regierung als auch im Volk wenig Verständnis für den Klimawandel vorhanden ist. Wir treffen in diesen Ländern immer wieder auf intelligente Menschen, die immer noch denken, dass der Klimawandel etwas mit dem Ozonloch zu tun hat. Dabei handelt es sich vorrangig um Länder der armen Welt und der mittleren Einkommen; wir sehen in dieser Gruppe aber auch Japan, Südkorea und Taiwan – Länder mit einer durchweg sehr gebildeten Bevölkerung. Diese Gruppe könnte besonders interessant sein, weil sie offener ist für das, was zurzeit mit der Erde passiert. Viele Bürger dieser Länder sind es gewohnt, langfristig zu denken und zum Wohle aller mit anderen zusammenzuarbeiten.

Zusätzlich zu den Nationen gibt es auch Institutionen, die Menschen für die Arbeit an den Umstellungen oder als Katalysatoren für Veränderungen bereitstellen könnten. Manche Institutionen sind über die Situation sehr gut im Bild und können bei der Erzielung der Veränderungen eine positive Rolle übernehmen – zu nennen sind hier unter anderem die katholische Kirche und einige andere Religionen, ebenso die Vereinten Nationen und viele Militärorganisationen auf der ganzen Welt. Das deutsche und das US-amerikanische Militär sind besonders gut über wissenschaftliche Klimaerkenntnisse informiert, weil sie zu Recht erkannt haben, dass der Klimawandel eine große Bedrohung für die soziale Stabilität darstellt und die Gefahr von bewaffneten Konflikten erhöht, bedingt durch Kämpfe um Zugang zu Land und Wasser. Sie wissen auch, dass eine der großen kurzfristigen Folgen des Klimawandels in einem enormen Anstieg des Migrationsaufkommens bestehen wird, aufgrund von höheren Temperaturen und länger anhaltenden Dürren. Ihnen ist auch klar, dass jegliche sinnvolle Maßnahme gegen den Klimawandel eng mit dem Schicksal der fossilen Brennstoffindustrie verknüpft ist.

So manche Institutionen verharren im Kontext der Klimakrise jedoch in einem engstirnigen Scheuklappendenken, weil ihre Arbeit seit Jahren von der Verbreitung einer neoliberalen Weltanschauung abhängt. Zu dieser Gruppe gehören die Weltbank, das Weltwirtschaftsforum, der Internationale Währungsfonds und die Europäische Zentralbank – Institutionen, die stets Wirtschaftswachstum und freie Märkte befürwortet haben. Dies ist nicht als Angriff auf einzelne Personen innerhalb dieser Institutionen zu verstehen, die ihr Arbeitsleben der Erzielung positiver Veränderungen gewidmet haben, oder die versuchen, Veränderungen von innen heraus zu bewirken. Es gibt viele, die weiterhin, auch im Ruhestand, ihre persönlichen Entscheidungen hinterfragen und versuchen, ihre Erfahrung für positive Zwecke zu nutzen. Das zentrale Dogma dieser Institutionen war jedoch stets die freie Marktwirtschaft und die Förderung von Wirtschaftswachstum.

Einige dieser Institutionen versuchen nun, reichlich spät, ihre Darstellungen zu ändern, und produzieren sogar Berichte, die zu Veränderungen aufrufen. Doch auf Ebene des Intellekts ist der Umgang mit den Herausforderungen für sie nach wie vor schwierig, haben sie doch das System, das die aktuelle Krise verursacht hat, jahrzehntelang enthusiastisch mitgetragen.

Wir sehen in dieser Gruppe auch Teile der Medien, darunter einflussreiche Finanz- und Wirtschaftspublikationen wie *The Economist*, *The Financial Times* und *The Wall Street Journal*, im deutschsprachigen Raum auch das *Handelsblatt*, *Wirtschaftswoche*, *Capital*, *Manager Magazin* und andere mehr. Auch sie haben nahezu kritiklos ein System gefördert, das ökologische Zerstörung und Ungleichheit fördert.

Eine weitere institutionelle Gruppe, die aber vermutlich weniger hilfreich ist, als es zunächst den Anschein haben mag, ist der NGO-Sektor, insbesondere einige jener gemeinnütziger Organisationen, die sich grüne Anliegen auf die Fahnen geschrieben haben. In diesen Institutionen finden sich, so unsere Erfahrung, oftmals viele wohlmeinende Menschen, jedoch nur wenige, die das immense Ausmaß und die enorme Tragweite des Klimaproblems in vollem Umfang verstanden haben. Die Menschen in diesen Institutionen sorgen sich um die Umwelt, und das oft zutiefst. Aber all jene, die sich nur auf einen Teilaspekt des Problems konzentrieren (Artensterben, Wasserverschmutzung, soziale Ungerechtigkeit), sehen häufig nicht das Gesamtbild.

Einige NGO sind mittlerweile sogar Teil des Establishments und scheuen sich folglich davor, das System infrage zu stellen. Dies liegt zum Teil daran, wie sie finanziert werden, einige haben sich von der neoliberalen Denke in die Irre führen lassen. Die Vorstellung, dass der freie Markt und der Finanzsektor die Umweltkrisen der Welt lösen könnten, hat sie blind gemacht für die Realität, dass diese ja die Ursache dieser Krisen sind.

Innerhalb dieser vielen Gruppen und Nationen gibt es Menschen, die helfen können, den Prozess des Wandels zu steuern und in die richtigen Bahnen zu lenken. Wir müssen sie bloß finden. Dies muss für Verfechter des Wandels daher eine der ersten Aufgaben sein: Vorkämpfer finden, mit ihnen kommunizieren, und Netzwerke rund um all jene aufbauen, die wirklich den Durchblick haben.

Zum Abschluss dieses Kapitels noch eine Frage, die uns überraschend oft gestellt wird: Soll die Menschheit einfach auf einen anderen Planeten umziehen? Machen wir uns hier bitte nichts vor: Das ist nicht möglich. Selbst wenn die Menschheit in der Lage wäre, ein Raumschiff mit Tausenden von Menschen für viele nachfolgende Generationen ins All zu schicken, würde es Tausende von Jahren dauern, um das nächstgelegene Sonnensystem zu erreichen, das nach Ansicht von Astronomen mithilfe der derzeit besten Technologie am ehesten bewohnbar wäre. Und sogar dann könnte es passieren, dass das Raumschiff an seinem planmäßigen Ziel vorbeizieht, da Wissenschaftler sich noch nicht ganz im Klaren sind, wie man ein Raumschiff bei einem Tempo von 650.000 Stundenkilometern im Vakuum stoppen kann.

»Was kann ich tun?«

Sie können so viel tun. Allerdings nicht im Alleingang. Wer allein handelt, wird die Zukunftsaussichten nicht maßgeblich beeinflussen. Aber kollektives Handeln auf globaler Ebene kann hingegen enorm viel bewirken. Dieses Kapitel enthält viele praktische Ratschläge, wie Sie, durch gemeinsames Handeln, Veränderungen vorantreiben können.

Kommunizieren, kommunizieren, kommunizieren

Wenn wir die Weltanschauungen der Gesellschaft verändern wollen – wie sie über Wirtschaftswachstum, Individualität, Demokratie, Klimawandel und Artenverlust denkt –, müssen wir uns auf phänomenal viel Arbeit gefasst machen. Die Changemaker, jene Menschen, die sich für die Umsetzung von Veränderungen einsetzen, müssen überzeugend auftreten und hervorragend zu kommunizieren verstehen. Will man Menschen dazu bringen, ihre Denkweise zu ändern, braucht man Zeit, Geschick und Geduld. Ein solches Vorhaben ist zudem reichlich kompliziert, weil es auf so vielen verschiedenen Ebenen erfolgen muss. Mitunter mag es den Anschein haben, als hätten so manche nach einem Abendseminar oder einem dreitägigen Workshop die Problematik rasch »kapiert«. Aber wenn man seit vielen Jahren gewohnt ist, in bestimmten Bahnen zu denken, kann man nicht so schnell umschwenken.

Um Menschen zu einem radikalen Umdenken zu bewegen, müssen die Botschaften daher auch auf einer tieferen, subliminalen Ebene des Muskelgedächtnisses ansetzen – dort, wo die Reflexe und Gewohnheiten sitzen. Nehmen wir Diäten als Beispiel. Sagen wir, ich möchte fünf Kilo abnehmen. Ich plane, täglich zu Mittag gedämpftes Gemüse und Tofu zu essen. Ich gehe ins Fitnessstudio. Ich gestatte mir kein Eis. Mein Verstand ist überzeugt, dass mein Plan funktionieren wird. Aber innerhalb weniger Tage, eines Nachmittags, wandert meine Hand unversehens in Richtung Süßigkeitenvorrat, und schwupps, ohne dass ich es bemerke, folgen Arme, Beine und Füße nach. Irgendeine tiefe innere Instanz erinnert sich daran, wie lecker diese Schokoladenkekse sind und wie himmlisch gut ich mich fühle, wenn ich sie genieße. Mein Verstand kollidiert mit stärkeren, unterbewussten Kräften.

Anderes Beispiel: Nehmen wir an, Sie wohnen 15 Jahre lang in demselben Haus, in derselben Straße. Dann ziehen Sie in einen anderen Stadtteil um. Wochenlang sind Ihre Gedanken mit Umzugsplanung, Logistik und den Alltagsdingen erfüllt, die sich infolgedessen ändern werden. Sie wissen mit jeder Faser Ihres Daseins, dass Sie umziehen. Doch drei Wochen später setzen Sie sich ins Auto, fahren von der Arbeit nach Hause, und auf einmal realisieren Sie, dass Sie auf Ihrem alten Nachhauseweg sind. Eine tiefere Erinnerungsinstanz steuert Ihre Hände am Lenkrad und Ihre innere Routenplanung.

Es braucht Wiederholung und Verstärkung, damit sich eingeschliffene Denkgewohnheiten verändern.

1. Verinnerlichen Sie die Fakten

Zunächst müssen Sie sich die Fakten sowie die Logik dessen einprägen, was sich ändern muss und warum, und zwar bis Sie es in- und auswendig können. Sie müssen lernen, wie Sie Argumente erfolgreich vorbringen, und sich einen Crashkurs in überzeugender Kommunikation verpassen. Sprechen Sie immer von Herzen, aber basierend auf einem felsenfesten Fundament der Fakten. Wenn Sie die Fakten kennen und die Wissenschaft und die Argumente verstehen, werden Sie besser in der Lage sein, auf schwierige Fragen zu antworten.

Bereiten Sie sich so intensiv vor, als würden Sie für eine Prüfung büffeln. Stellen Sie sich potenzielle Prüfungsfragen vor. Welche Fangfragen könnten Ihnen gestellt werden? Wir leben derzeit in einer bizarren Welt, in der Fakten zu optionalen Extras verkommen sind, in dem Tricksen und Betrügen so gängig geworden ist, wie die Verwendung einer Kreditkarte zur Abzahlung einer anderen. Aber die Physik gewährt keinen Schuldenaufschub in eine Zukunft, die nie eintreten wird. Ein Vulkan kann nicht gedeckt werden. Beim Klimawandel geht es um Fakten. Die Natur schert sich keinen Deut um raffinierte Ökobilanzen, manipulierte Statistiken, Gaukeleien und Lügereien. Der Planet fällt auf keine faulen Tricks herein. Es ist hoch an der Zeit, die Fakten und die Wahrheit zu respektieren. In den Worten von Malcom X: »Die Wahrheit ist heute auf der Seite der Unterdrückten, sie ist gegen den Unterdrücker. Sie ist alles, was du brauchst.«[30]

2. Nutzen Sie die Macht der Sprache

Reden Sie dann mit Ihren Eltern, Ihren Nachbarn und allen Ihren Freunden, und testen Sie Ihr Kommunikationsgeschick. Ihre Netzwerke sind ideal für den Anfang. Kommunizieren Sie die Dringlichkeit, erläutern Sie die Fakten, und merken Sie sich die Antworten. Wenn jemand skeptisch oder abweisend reagiert, nehmen Sie es nicht persönlich: Konflikte mit Menschen, die Ihnen nahestehen, helfen niemandem weiter. Analysieren Sie die vorgebrachten Einwände. Stecken da Emotionen, eigene Lebensumstände oder missverstandene Fakten dahinter? Versuchen Sie, die Hintergründe zu verstehen, denn das hilft uns allen weiter. Und nicht vergessen: Das Ziel ist es, zu kommunizieren und zu überzeugen, nicht Kompromisse einzugehen. Wir haben keine Zeit für halbherzige Maßnahmen oder kleinmütige Lösungen.

Bitten Sie dann diejenigen, die Sie überzeugt haben, dasselbe zu tun – sie sollen wiederum mit ihren Eltern, Nachbarn, Freunden sprechen, um die Botschaft zu verbreiten. Manche Menschen werden die Botschaft nie begreifen, darauf müssen Sie gefasst sein. Man kann unmöglich alle überzeugen. Unserer Erfahrung nach haben 20 bis 30 Prozent der Menschen in der reichen Welt einen relativ guten Durchblick. Sie wissen, dass Recycling nicht ausreicht. Weitere 20 bis 30 Prozent sind faktenresistent und hören hartnäckig weg. Sie singen lauthals das La-la-Lied, auch wenn Sie die Botschaft noch so logisch und überzeugend kommunizieren. Diese Menschen sind mental unfähig, die Wahrheit in sich aufzunehmen. Vielleicht ist das Wissen darüber, was passieren wird, oder das Eingeständnis dessen, wie sehr sie zur Problematik beigetragen haben, für sie zu schmerzhaft. Vielleicht genießen sie die Annehmlichkeiten ihres derzeitigen Lebens zu sehr, um sie aufzugeben. Manchmal sind es Fremde, die nicht überzeugt werden können. Manchmal sind es Freunde oder Familie. Es kann schwierig sein zu akzeptieren, dass ein Mensch, den man liebt und schätzt, die Gefahr nicht begreift. Bleiben Sie dran, aber verausgaben Sie sich nicht vollends in dem Versuch, Menschen zu überzeugen, die nicht zuhören können.

3. Wappnen Sie sich

Das Drängen auf Veränderung wird unweigerlich zu Konflikten führen, weshalb all jene, die für ein radikales Umdenken kämpfen (uns eingeschlossen), sich eine dicke Haut zulegen müssen. Sensibilität ist an sich gut und wichtig, denn im neuen System ist Empathie ein zentraler Grundwert. Aber wie wir in Kürze aufzeigen werden, sollten Sie sich auf viele persönliche Attacken gefasst machen (wie wir aus eigener leidvoller Erfahrung nur zu gut wissen), die emotional so tief unter die Haut gehen, dass Ihnen der Kampfgeist vergehen könnte. Nutzen Sie in solchen Fällen Ihr Einfühlungsvermögen, um mehr über die Hintergründe einer solchen Attacke herauszufinden.

Sie müssen nicht plötzlich ein anderer Mensch werden. Bleiben Sie, wer Sie sind, und kanalisieren Sie den Schmerz vielmehr in etwas Konstruktives. Sich eine dicke Haut zuzulegen bedeutet nicht, keine Gefühle mehr zu haben – das wäre auf andere Weise kontraproduktiv. Gefragt ist hier vielmehr eine feste Entschlossenheit, den Schmerz in etwas Gutes zu verwandeln. Es ist wichtig, dass Sie Schmerz zulassen, ihn beim Namen nennen und die grässlichen Dinge, die Ihnen widerfahren, nicht leugnen.

Wer in der Lage ist, positiv auf seine Emotionen zu reagieren, gewinnt an innerer Stärke. Wer Klimatrauer erlebt hat, kann etwas Wertvolles teilen: Reden Sie also darüber. Reden Sie mit anderen darüber, wie Sie den Schmerz empfinden und warum. Geben Sie dies dann weiter, und zwar an so viele Menschen wie möglich. Warum sich verstecken? Sie retten niemand anderen davor zu leiden, indem Sie allein leiden! Mehr dazu im nachfolgenden Punkt 4.

Wenn Sie Beziehungen zu Gleichgesinnten aufbauen, wird es einfacher. Schließen Sie sich mit den 20 bis 30 Prozent zusammen, die bereits das nötige Verständnis haben, um gemeinsam jene 40 bis 60 Prozent zu überzeugen, die aufgeschlossen, aber schlecht informiert sind. Vergessen Sie dabei aber nicht, dass die Realität dessen, was mit der Welt passiert, auch für die scheinbar dickhäutigsten Menschen durchaus schwierig und belastend sein wird.

4. Bauen Sie Ihr Netzwerk aus

Ein Netzwerk aufzubauen und so Teil einer gleichgesinnten Gemeinschaft zu werden, bringt Trost und Kraft für jene, die unter Klimatrauer leiden und sich isoliert und allein fühlen, so, wie dies in Verbindung mit Klimaarbeit oft der Fall ist. Wenn Menschen erkennen, dass sie nicht allein, sondern integraler Bestandteil einer Bewegung sind, die sich dem gemeinsamen Ziel der Verantwortung füreinander und für die Gesellschaft insgesamt verschrieben hat, kann sich dies enorm positiv auf die Psyche auswirken. Arbeiten Sie mit Menschen, die das verstanden haben. Das hilft Ihnen, innerlich stark zu bleiben. Besuchen Sie regelmäßig die weiterführenden Links am Ende dieses Buches, um sich in Erinnerung zu rufen, was mit dem Planeten geschieht, und um neue Kontakte zu knüpfen. Richten Sie regelmäßige Treffen, Buchclubs und Unterstützungsnetzwerke für all jene ein, die in ihrem Verständnis so weit sind.

5. Behalten Sie das Ziel im Auge

Denken Sie daran, dass das Ziel darin besteht, eine bessere Welt zu schaffen, die auf Mitgefühl und menschlicher Würde aufbaut. Zyniker werden Ihnen vorhalten, dass das, was Sie erreichen wollen, utopischer Unsinn ist, dass es ja schön und gut ist, wenn man von einem Paradies voller Frieden und Liebe träumt, dass die Welt in Wahrheit jedoch von Geld und Macht zusammengehalten wird, und davon, dass Menschen regelmäßig in die Schranken gewiesen werden. Zyniker werden Ihnen sagen, dass es immer schwarze Schafe geben wird, die für Ärger sorgen, und dass es mehr als Frieden und Liebe braucht, um die Welt am Laufen zu halten. Das ist wahrscheinlich richtig. Aber wenn man von Würde, Gleichheit, Gemeinschaft und Empathie als Grundsatz für die Zukunft ausgeht, ist dies sicherlich ein besserer Ausgangspunkt als Elend, Ungleichheit, Einsamkeit und Gier. Verlieren Sie das Ziel nie aus den Augen.

Lassen Sie sich nicht entmutigen

An vorderster Front für radikalen Wandel zu kämpfen kann aufregend, mitunter aber auch einsam sein. Insbesondere am Anfang kann man sich als die sprichwörtliche Spaßbremse fühlen, wenn man lauthals »Gewitter! Sturm! Orkanböen!« schreit, während alle anderen weiter ihre Pool-Party feiern. Doch oft geht einem Sturm das schönste Wetter voraus. Aus diesem Grund ist es für viele so schwer zu verstehen, dass auch nur ein kleiner Regenschauer, geschweige denn eine Apokalypse im Anmarsch ist.

Die anderen erklären Sie vielleicht für verrückt oder ignorieren Sie einfach und feiern weiter. Und wenn es denn wirklich so ernst wäre, werfen sie womöglich ein, dann hätten die Behörden doch schon längst etwas getan, etwas gesagt, eine Warnung ausgegeben. Und wer sind Sie überhaupt? Sie sind kein Klimawissenschaftler, und von der Regierung sind Sie auch nicht. Sie halten sich wohl für besonders schlau, und wir anderen sind alle Deppen, oder wie? Man wird die Augen verdrehen und sich darüber lustig machen, dass Sie das so ernst nehmen.

Wenn man die Realität erkannt hat, die Dringlichkeit versteht, die Konsequenzen des Klimawandels, während alle anderen unbekümmert weiterfeiern, kann man sich fühlen wie in einem Albtraum, in dem man hilflos zusehen muss, wie tapsige Welpen eine stark befahrene Autobahn zu queren versuchen. Im Traum brüllen Sie aus Leibeskräften, damit die Autofahrer stehen bleiben, Sie bringen aber keinen Ton heraus. Sie haben das Gefühl, Sie werden verrückt. Sie beginnen, an sich selbst zu zweifeln, und daran, ob dies wirklich passiert.

Sie beginnen, sich zu fragen, ob vielleicht alle anderen recht haben. Man versucht, Ihnen vielleicht zu verklickern, dass all dieses Klimagewese reiner Unfug ist. Trösten Sie sich: Sie sind in bester Gesellschaft. Es ist gang und gäbe, dass Menschen, die ihre Stimme zum Klimawandel erheben, ausgegrenzt und ausgelacht werden. Greta Thunberg, die junge schwedische Klima-Aktivistin mit den blonden Zöpfen, die all den Polit- und Wirtschaftsspitzen in Davos beschied, sie sollten sich was schämen, wird unentwegt verspottet und verleumdet. Psychisch krank sei sie, ein indoktriniertes Werkzeug ihrer Eltern, und überhaupt eine nervige Göre.

Wir selbst wissen aus eigener Erfahrung leider nur zu gut, dass auch jene, die angeblich auf derselben Seite kämpfen, mitunter gegen Sie arbeiten. Vor ein paar Jahren, als wir noch in Zürich wohnten, kamen drei Journalisten vom deutschen *Greenpeace Magazin* wegen eines Interviews zu uns nach Hause. Sie stellten uns Fragen zu etwas, was wir geschrieben hatten, erkundigten sich über unseren Aktivismus und unseren Hintergrund, und veröffentlichten dann einen Artikel, in dem sie sich darüber lustig machten, dass wir Untersetzer zum Schutz eines alten Tisches verwendeten. Da fehlen einem die Worte.

Uralte tropische Regenwälder brennen nieder (und geben all ihren gespeicherten Kohlenstoff in die Atmosphäre ab), auf Betreiben riesiger multinationaler Konzerne, doch Greenpeace beschließt, einen Klimavorkämpfer dafür zu verspotten, dass er ein altes Möbelstück respektiert. Riesige Fossilenergie-Unternehmen mit mehr Geld als so manch mittelgroßes Land lügen seit Jahrzehnten über den Zusammenhang zwischen Kohlenwasserstoff und Klimawandel, leugnen ihn sogar aktiv. Doch Öko-Krieger von Greenpeace beschließen, jemanden im selben Team für Recycling zu diffamieren. Großartig.

Eine ebenfalls durchaus gängige Praxis im Kampf um radikale Reformen ist das sogenannte »Gaslighting«,[31] eine besonders hinterhältige und manipulative Form von psychischem Missbrauch. Gaslighting ist die systematische Zerstörung des Realitätsbezugs einer anderen Person, indem man Fakten, die physische Umgebung, die Emotionen oder die Wahrnehmungen dieser Person leugnet oder als falsch darstellt.

Wenn eine Person versucht, schädigendes Verhalten zu beheben, und die andere Person abstreitet, dass eine derartige Schädigung stattfindet, dann ist das eine Form von Gaslighting. Sie haben es vielleicht auch selbst schon im Kleinen und in abgeschwächter Form erlebt, wenn jemand leugnet, etwas getan zu haben, obwohl Sie beide die Wahrheit wissen, aber dieser Jemand streitet es so überzeugend ab, dass Sie tatsächlich zu zweifeln beginnen, was nun wirklich stimmt. Dass Politiker den Klimawandel offen abstreiten, kommt zwar immer seltener vor, in manchen Ländern wird der Zusammenhang zwischen der Verbrennung fossiler Brennstoffe und dem Klimawandel aber immer noch sogar auf höchster Ebene in Abrede gestellt. Scott Morrison, heute australischer Premierminister, wedelte vor wenigen Jahren mit einem Kohlebrocken im Parlament herum und stichelte, man möge keine Angst davor haben. Fossilunternehmen praktizieren seit Jahren diese Art von Gaslighting. Und das ganz bewusst. Es ist eine klassische Form des »Divide-et-impera«-Prinzips: Man spaltet die Gegner und verwirrt sie, damit sie sich nicht zusammentun und die Herrscher herausfordern können.

»Was kann ich tun?«

Wenn Sie mit so einer Situation konfrontiert sind, hilft Ihnen vielleicht eine Karikatur aus Gary Larsons Serie »The Far Side«, die in den 1990ern zur Zeit des sogenannten Rinderwahnsinns (BSE)[32] in Großbritannien entstand. Die Karikatur zeigt eine Kuh, die beim Psychiater auf der Couch liegt und sagt: »Vielleicht bin ja gar nicht ich diejenige, die wahnsinnig ist. Vielleicht ist es der Rest der Herde, der nicht richtig tickt ...«

Dieser Gedanke mag mitunter nur wenig tröstlich sein, aber im Kontext des Klimawandels ist es tatsächlich der Rest der Herde, der nicht richtig tickt. Denn: Wenn Jahr für Jahr Rekordtemperaturen gemessen werden, und Stürme, Dürren und Waldbrände massiv zunehmen – all das an Orten, wo Sie leben, wo Ihre Freunde leben, wo Sie Urlaub machen –, wenn man all dies mit eigenen Augen sieht und am eigenen Körper erlebt und trotzdem nicht das Bedürfnis verspürt, den Wahnsinn irgendwie aufzuhalten, dann ist man wirklich nicht ganz bei Trost. Verrückt sind daher ausschließlich jene, die nicht reagieren.

Wenn man Ihnen also sagt, Sie sollen aufhören, sich über das Klima Sorgen zu machen, oder Ihnen sagt, Sie sollen sich lieber einen richtigen Job suchen oder Kinder kriegen, damit Sie keine Zeit mehr haben, sich darüber Gedanken zu machen, atmen Sie tief durch. Menschen attackieren andere oft dann, wenn sie sich bedroht fühlen, oder Angst haben, oder wegen ihrer Lebensentscheidungen in die Defensive gehen. Vielen Menschen fällt es schwer, Abweichungen von der »normalen« Denkweise zu akzeptieren, und so sträuben sie sich gegen jegliche Veränderung des Status quo. »Normal« mag in ihren Augen vielleicht nicht gut sein, aber immer noch einfacher als Veränderung. Wer zu Veränderung aufruft, ist bloß lästig und nervig in den Augen all jener, die es im Leben leicht haben wollen.

Vergessen Sie nie: Sie sind nicht allein. Sie ticken absolut richtig!

Sie werden wieder klar sehen – und trauern

Sobald man wirklich begreift, was mit der Welt passiert, kann es sein, dass man in tiefe Trauer verfällt. Als hätte man einen geliebten Menschen verloren. Nichts wird mehr so sein wie früher. Deshalb leiden viele Klimaaktivisten unter Depressionen. Es kann sich so anfühlen, als stünde man mitten in einem Fluss und würde versuchen, das tosende Wasser mit bloßen Händen aufzuhalten. Die Trauer kann unerträglich sein, weil es so viel zu betrauern gibt. So viele schöne, ausgeklügelte Ökosysteme, die für Einkaufszentren niedergewalzt oder durch Bergbau, Waldbrände und steigende Meeresspiegel zerstört wurden. Der Tod so vieler unschuldiger Kreaturen: Murmeltiere, die aufgrund der Wärme zu früh aus ihrem Winterschlaf erwachen und elendiglich verhungern, der indonesische Nasenaffe mit seiner prächtigen langen Nase, dessen Lebensraum, der Wald, verbrannt und dem Erdboden gleichgemacht wurde, nur damit Finanzspekulanten in London, Frankfurt oder Hongkong mit Palmöl-Futures ordentlich Profit machen können.

Die Menschheit hätte all das vermeiden können. Doch die Verantwortlichen haben es vorgezogen, nichts zu tun, obwohl sie wussten, was passieren würde. Sie wussten über den

Klimawandel Bescheid, und sie wussten, welches Leid auf die Welt zukommen würde, wenn sie nicht handelten. Mächtige, einflussreiche Menschen sind seit Jahren über den Klimawandel im Bild, haben aber bewusst Informationen vertuscht und so hingebogen, dass Veränderungen, die nicht ihren eigenen egoistischen Interessen dienten, verhindert wurden. Welcher Mensch, der das Wissen und ein Gewissen hat, würde nicht trauern angesichts der Gier von großen Konzernchefs und ihrer Finanzgeber und Unterstützer, zumal diese immer noch lügen, auch jetzt noch, um ihre finanziellen Interessen zu wahren?

Trauer und Wut sind eine natürliche Reaktion auf ein derart skrupelloses Verhalten. Doch diejenigen von uns, die für Veränderung kämpfen, müssen stark bleiben und müssen sich gegenseitig aufrichten. Suchen Sie den Kontakt zu anderen, und schildern Sie ihnen, wie Sie sich fühlen, und versuchen Sie, anderen zu helfen, die möglicherweise leiden. Menschen gehen ganz unterschiedlich mit ihrer Trauer um, denken Sie daher daran, immer wieder nachzufragen, zuzuhören und Mitgefühl zu zeigen.

Vergessen Sie nicht: Sie sind nicht allein. Je geschlossener wir zusammenstehen und füreinander da sind, desto besser für uns alle.

So ein Unsinn! (Mythen sind widerlegbar)

Ein weiterer wichtiger Bereich, in dem Sie viel bewirken können, ist die Bekämpfung und Aufklärung von Mythen. Viele Menschen glauben fälschlicherweise, dass sie wirklich dazu beitragen, die planetarische Katastrophe abzuwenden, indem sie recyceln, weniger fliegen, ein Elektroauto kaufen oder Geld an wohltätige Zwecke spenden. Diese irrigen Vorstellungen sind ebenfalls große Hindernisse, die Veränderungen blockieren.

Die Menschen müssen erkennen, dass nichts von all dem für sich allein etwas bringt. Tatsächlich werden die Dinge dadurch oft sogar schlimmer, weil sie das Gefühl vermitteln, etwas zu bewegen, und dieses Gefühl trügt leider. Weil viele Menschen denken, dass sich durch diese Handlungen etwas verändert, auf globaler Ebene, geschieht insgesamt sogar weniger.

Mythen zu bekämpfen ist daher unerlässlich.

Als Erstes setzen Sie am besten an der geradezu messianischen Technologie-Besessenheit vieler Menschen an. In den meisten Gesprächen zum Klimawandel kommt ziemlich schnell der magische Feenstaub der Technologie oder eine clevere Finanzierung zur Sprache. Aber alles, was den zentralen Elementen des Systems ein »Weitermachen wie bisher« erlaubt, die endlos weitergehende Extraktion von Bodenschätzen und immer mehr Ausstoß schädlicher Gase, kann nicht funktionieren. Für die meisten Menschen ist dies eine Realität, die schwer zu begreifen ist, schwer insbesondere für jene, die mit dem gefährlichen Glauben indoktriniert wurden, dass Menschen klüger seien als die Natur.

Man wird Ihnen sagen, dass Technologie und Wissenschaft weit vorangekommen sind. Dass Menschen ihretwegen heute nicht mehr mit 35 Jahren an Typhus oder der Pest sterben. Dank menschlicher Innovationen hat die Menschheit sauberes Trinkwasser (obwohl ... auch nur zum Teil),

SUVs und Diabetesmedikamente, sodass sie ihr Leben so leben können, wie sie möchten, statt Sklaven der Natur zu sein.

Diese Vorstellung, die Menschheit sei Herrscher des Universums, verführt jedoch zu dem Glauben, der Erfindungsreichtum der Menschen, nicht deren Verhalten, könne jedes Problem lösen.

Jahrhundertelang versuchten Alchemisten, unedles Metall in Gold zu verwandeln. Jetzt wissen sie, dass es möglich ist. Man braucht bloß einen Teilchenbeschleuniger und gigantische Mengen an Energie – für eine im Ergebnis winzige Menge an Gold. Dank Technologie ist es auch möglich, Diamanten zu züchten, ohne Millionen von Jahren zu warten. Wissenschaftler haben gelernt, wie man ein Atom spaltet, Schafe klont und Fleisch im Labor produziert. Sie können sogar Wolken säen, um Regen zu erzeugen.

Das alles sind erstaunliche Errungenschaften und für viele der Beweis dafür, dass der Mensch der Natur überlegen ist. So beeindruckend sie jedoch auch erscheinen mögen, sind sie im Grunde nur ein Beweis dafür, dass die Menschheit kaum mehr als in Randbereichen eines riesigen, fein abgestimmten, unglaublich komplexen physikalischen, chemischen und ineinandergreifenden biologischen Systems herumbasteln kann.

Die chemische Zusammensetzung der Atmosphäre verändert sich, in einem Ausmaß, das sich nur wenige Menschen vorstellen können. Dieser Prozess folgt den Naturgesetzen der Chemie, Biologie und Physik. Es gibt keine Technologie, die den Klimawandel aufhalten oder die unzähligen Hitzewellen, Dürren, Überschwemmungen, Stürme, Waldbrände, die Permafrost-Schmelze oder die daraus resultierende Vermehrung von Viren, Insekten[33] und Bakterien unter Kontrolle bringen kann. Zum Mitschreiben: Technologie. Wird. Uns. Nicht. Retten.

Aber Menschen, die mit Empathie und Sinn für die Realität zusammenarbeiten, schaffen es vielleicht.

Die beste Chance haben wir, wenn Menschen gemeinsam auf den Wandel hinarbeiten. Das klingt vielleicht verrückt. Aber weniger verrückt als die Vorstellung, dass irgendwelche Geeks in einer Garage die Nonplusultra-Technik ertüfteln, die sie zu Millionären macht und den Planeten in letzter Sekunde rettet.

Planen und vorausdenken

Bei der Entwicklung des Konzepts für eine bessere Zukunft kann die Versuchung groß sein, dass man Experten aus dem alten System hinzuzieht. Dies ist ein Schwachpunkt in jeder Revolution und sollte unbedingt vermieden werden. Stellen Sie sich das so vor: Das alte System wird gestürzt, neue Anführer übernehmen. Während in den Straßen noch freudig gejubelt wird, erkennen die Vertreter der neuen Ordnung bereits das eine und andere Vakuum, Bereiche, die es nun mit klugen Köpfen zu besetzen gilt. Qualifizierte Menschen werden benötigt, um die Kommunikation, soziale Wohlfahrt, Landwirtschaft, Diplomatie und Wirtschaftspolitik zu steuern und die Gesellschaft am Laufen zu halten. Die neue Ordnung holt sich daher Experten aus der alten Ordnung, um das jeweilige Vakuum zu füllen. Und schon schleichen sich die alten Denkmuster, die alten Ideen, die unreformierten

Annahmen und Vorgehensweisen und Prioritäten wieder ein. Damit scheitert die Revolution.

Nicht in diese Falle zu tappen ist schwierig. In einer idealen Welt – und davon sind wir weit entfernt – würden die Staatenlenker und technokratischen Berater von morgen im Voraus geschult werden, damit sie startklar sind, wenn es so weit ist. Nun ist das zwar nicht möglich, aber die Vorkämpfer für Veränderungen können sich dennoch jetzt schon darüber Gedanken machen, wie sie qualifizierte Personen finden, die ein tiefes Verständnis des Klimaproblems und seiner Ursachen mitbringen und helfen können, die Staatenlenker und technokratischen Berater der Zukunft zu schulen. Sie sollten sich die Herausforderung wie Apollo 11 vorstellen, die ebenfalls gebaut wurde, ohne die tatsächlichen Bedingungen zu kennen, unter denen es später zu funktionieren hatte. So wie bei den Raumfahrtmissionen der 1960er-Jahre gibt es nämlich vieles, was im Voraus geplant werden kann.

Es werden Schlüsselkompetenzen für den Aufbau eines neuen Wirtschaftssystems benötigt, das die Produkte und Dienstleistungen für menschliche Grundbedürfnisse wie Nahrung, medizinische Versorgung und Mobilität bereitstellt. Es werden Arbeitsplätze für Hunderte von Millionen von Menschen benötigt, die ihre Existenzgrundlage verloren haben. Diese Menschen müssen umgeschult und in der Zeit der Umstellung auf ihre neuen Jobs mit neuen Kollegen und neuen Erwartungen finanziell und emotional unterstützt werden.

Es werden Verhaltenspsychologen benötigt, die sich umsichtig, einfühlsam und kompetent der vielen unterschiedlichen Emotionen annehmen, wie sie in der Zeit des Übergangs in der Gesellschaft auftreten werden. Es werden Kompetenzen für den Aufbau eines neuen Sozialsystems benötigt, mit Seelsorgediensten und Selbsthilfegruppen für all jene, die psychisch mit den Veränderungen zu kämpfen haben. Es wird auch viel Wut und Ressentiments zu bewältigen geben, etwa von Menschen, die sich darüber ärgern, dass sie nicht mehr in den Urlaub fliegen können, oder die sich generell gegen die Veränderungen sträuben.

Dies wird in manchen Ländern, wie etwa den USA, wo die Vorstellung der weitgehenden Freiheit von staatlicher Kontrolle tief in der nationalen DNA verankert ist, eine besonders große Herausforderung darstellen.

In nahezu jeder Gesellschaft werden kompetente Menschen benötigt, um die Rolle der Politik und der politischen Institutionen sowie des Finanz- und Bankwesens zu überdenken. Viele Strukturen und Praktiken moderner politischer Systeme sind Vermächtnisse alter Denkmuster. Das neue System muss die sozialen Strukturen neu definieren, die notwendig sind, um das primäre, übergeordnete Ziel zu erreichen: den Klimawandel durch die Schaffung einer stabilen, ökologisch nachhaltigen globalen Gesellschaft unter Kontrolle zu bringen. Auch die langfristige Rolle von Geld und der Finanzwelt muss sorgfältig überdacht werden, wie schon erläutert. Ansonsten kann es viel zu leicht passieren, dass man wieder in alte Denkweisen verfällt.

Neue Denker müssen sich selbst und einander fortlaufend fragen: »Warum? Was wird dadurch erreicht?« Dinge zu hinterfragen, die man für selbstverständlich hält, ist schwierig, aber gerade jene Strukturen und Lebensgewohnheiten, die normalerweise nicht infrage gestellt werden, müssen

»Was kann ich tun?«

am dringendsten überdacht werden. Doch Achtung: Viele Menschen, die in diesen Bereichen keine Veränderung wollen, werden überzeugend klingende Gegenargumente vorbringen, um den Erbauern des neuen Systems den Wind aus den Segeln zu nehmen. Wichtig sind daher rigoroser Scharfsinn, eine klare Vision und ein starkes, ehrliches Herz, um die eigennützigen, gierigen, manipulativen Agenden herauszufiltern. Stellen Sie umfassende Recherchen an, bevor Sie Ratschläge von anderen annehmen: Schauen Sie sich deren Ausbildung, deren beruflichen Hintergrund an. Wenn darin Verbindungen zu jener Denke bestehen, die dieses Chaos verursacht hat, seien Sie sehr vorsichtig. Diese Personen müssen erst beweisen, dass sich ihr Denken geändert hat. Lassen Sie sich nicht leicht täuschen, auch wenn sie überzeugend wirken.

Bedenken Sie bei der Gestaltung der Richtlinien, Strategien und Strukturen für das neue System, dass verschiedene Gesellschaftsgruppen verschiedene Realitäten haben. Jede wird die Veränderungen anders wahrnehmen, weshalb sie wahrscheinlich auch unterschiedlich reagieren werden. Menschen in armen Gesellschaften mit schlechter Infrastruktur und schwierigen Jobaussichten können erbost reagieren, wenn man ihnen sagt, dass sie Opfer bringen müssen.

Millionen von Menschen sind durch das bestehende System in wirtschaftlicher, politischer, rechtlicher und sozialer Hinsicht ins Abseits gedrängt worden. Sie mussten mitansehen, wie Aufstiegschancen, Privilegien, Geld und Besitztümer in den Kreisen der Mittel- und Oberschichten herumgereicht wurden, von denen sie selbst ausgeschlossen blieben. Vorkämpfer für Veränderungen müssen daher gründlich recherchieren und sensibel und respektvoll vorgehen, bevor sie diejenigen, die im gegenwärtigen System das Nachsehen hatten, dazu auffordern, etwas aufzugeben, was ihnen vielleicht ein Gefühl von Sicherheit, Würde oder Komfort vermittelt hat, auch wenn dieses Gefühl irrational erscheinen mag.

Natürlich klaffen Theorie und Praxis häufig auseinander: Covid-19 hat das bewiesen. So wurde etwa den USA und Großbritannien in einem Ende 2019 veröffentlichten Bericht[34] bescheinigt, sie seien »am besten auf eine Pandemie vorbereitet«. Der Bericht bewertete die Kapazitäten und Fähigkeiten der Länder zur Reaktion auf eine biologische Bedrohung. Offensichtlich gingen die Autoren jedoch davon aus, dass diese in einem Vakuum operieren würden, frei von all den aufeinanderprallenden Prioritäten, persönlichen Agenden und irrationalen Realitätsverweigerungen. Alles, was unvermeidlich und inhärent menschlich ist, blieb in ihrer Beurteilung unberücksichtigt. Die USA und Großbritannien waren auf eine Situation wie Covid-19 mitnichten vorbereitet, sie gehörten sogar zu den Ländern mit den höchsten Infektions- und Todesfallraten weltweit.[35]

Dies ist auch typisch für viele Programme im Bereich der nachhaltigen Entwicklung. Immer wieder vergessen die Planer derartiger Programme, darüber nachzudenken, wie Menschen im wirklichen Leben reagieren. Menschen handeln nicht so, wie sie handeln sollten: Sie handeln so, wie sie eben handeln. Planen Sie also der Realität entsprechend, und denken Sie darüber nach, wie sich Menschen tatsächlich verhalten. Denken Sie an die oftmals idiotischen, instinktiven, chaotischen und ärgerlichen Verhaltensweisen von Menschen, und bauen Sie das in Ihre Pläne ein.

Und hüten Sie sich davor, einen »Kulturwandel« einläuten zu wollen – derartige Vorhaben ignorieren häufig die Realitäten des menschlichen Verhaltens und der natürlichen Welt. Menschen werden von Freundschaft, Angst, Gier, Hunger, Liebe, Eifersucht, Müdigkeit, Lust und Langeweile gesteuert – all den Dingen, die sich in einem Managementbericht vermeintlich nicht gut machen, weil sie nach unwissenschaftlichem Gewäsch aussehen, nach Psychogelaber, das kein vernunftbegabter Mensch wirklich ernst nehmen sollte. Aber genau dieses scheinbare Gelaber ist das, woran schicke, auf Hochglanz polierte Change-Management-Programme scheitern.

Gesellschaften wissen erst dann, wie sie auf Veränderungen reagieren werden, wenn sie im realen Leben damit konfrontiert sind. Dennoch können Planungen vorab und Kompetenzschulungen in Schlüsselbereichen dazu beitragen, den Schock der Veränderungen abzufedern, sowie sie eintreten. Viele Hindernisse und Risikofaktoren sind vorhersehbar, solange Planer wie Menschen denken und nicht wie sterile Automaten. Lernen Sie, die richtigen Fragen zu stellen. Planen Sie für Menschen, nicht Instantnudel-Utopien.

Organisieren und Druck aufbauen

Wenn Sie mit allen Verwandten, Bekannten, Nachbarn und Freunden gesprochen haben, drängen Sie, gewappnet mit dem Faktencheck am Ende dieses Buches, auf ein Treffen mit den hochrangigen Entscheidungsträgern Ihrer Organisation: der Dekanin Ihrer Universität, dem Rektor Ihrer Schule, der Geschäftsführerin Ihres Unternehmens. Sagen Sie ihnen:

Folgendes wird passieren:

Die Menschheit hat weniger als 15 Jahre Zeit, um eine vom Klimawandel ausgelöste Kettenreaktion zu verhindern, und muss ihre Treibhausgasemissionen im nächsten Jahrzehnt um 60 Prozent reduzieren.[36] Wenn wir das nicht schaffen, werden Hunderte Millionen von Menschen sterben. Jeder muss sich ändern, darunter auch alle Personen, die hier (Namen Ihres Unternehmens/Ihrer Institution einfügen) arbeiten/studieren. Wenn nicht, wird dieses Unternehmen/diese Institution zum Tod von Hunderten von Millionen Menschen beitragen. Wir möchten dem Unternehmen/der Institution/Universität/Schule helfen, sein/ihr Verhalten zu ändern und das Richtige zu tun.

Deshalb muss das Unternehmen/die Institution Folgendes tun:

Verkaufen Sie Investments in Unternehmen mit hohen Treibhausgasemissionen (zum Beispiel Hersteller fossiler Brennstoffe, Fluggesellschaften, Automobilhersteller, Zementunternehmen, Reedereien, Bergbauunternehmen), die nicht erneuerbare Ressourcen gewinnen oder anderweitig die Ökosysteme schädigen. Bitten Sie das Unternehmen/die Institution, ihren Ausstieg aus diesen Investments publik zu machen.

Bei Bildungseinrichtungen: Klimawandel muss in jeder Disziplin in den Lehrplan aufgenommen werden, auch wenn er minimal relevant erscheint. Beispiel: Die juristische Fakultät sollte nicht lehren, wie man umweltschädigende Unternehmen schützt; in Studienzweigen wie Betriebswirtschaft, Management, Finanzwirtschaft sollte nicht gelehrt werden, dass Profit an erster Stelle kommt und Umweltfolgen zu ignorieren sind; zukünftige Buchhalter sollten lernen, wie man die Zerstörung der Natur im Rechnungswesen darstellt; Architekten sollten nur Gebäude planen, die wenig oder keine Energie benötigen.

Bei Unternehmen: Zeigen Sie, wie dessen Produkte oder Dienstleistungen das Klima schädigen. Dies sollte in absoluten Zahlen und nicht im Vergleich zu anderen erfolgen (etwa inwieweit ein Produkt oder eine Dienstleistung weniger schädlich ist als andere Produkte/Dienstleistungen oder als frühere Generationen davon).

Bei Bildungseinrichtungen und Unternehmen: Fordern Sie einen Planentwurf an, der zeigt, wie sie sich zu ändern gedenken.

Bei Unternehmen, die CO2-intensive Produkte oder Dienstleistungen herstellen oder nutzen, sollte darauf gepocht werden, dass sie damit aufhören. Einige könnten auf alternative Produkte oder Dienstleistungen umsteigen. Bringen Sie den Ball ins Rollen, indem Sie aufzeigen, was möglich ist, und heizen Sie die Debatte an. Helfen Sie den Führungskräften des Unternehmens zu verstehen, dass es keinen anderen Weg gibt und dass sie Unterstützung für ihre Mitarbeiter bekommen können, falls sie das Unternehmen auflösen. Bauen Sie Druck von innen auf. In manchen Unternehmen wird dies natürlich verpuffen, das ist uns klar. Versuchen Sie es trotzdem.

Berichten Sie Ihrem gesamten Netzwerk von Ihren Aktionen sowie von den Reaktionen Ihres Unternehmens/Ihrer

Organisation. Ziehen Sie Ihre Lehren aus den Erfahrungen anderer, und lassen Sie andere an Ihren Erfahrungen teilhaben, um immer gezielter agieren zu können.

Aktivieren und niederreißen

Wenn Sie zu intensiverem Aktivismus bereit sind, dann nichts wie los: Nehmen Sie Unternehmen ins Visier, die ganz offenkundig klimaerwärmende Gase produzieren und noch nicht einmal Anstalten machen, es zu verhehlen. Sie sind relativ leicht zu erkennen, wenn man danach Ausschau hält. Sie waren diejenigen, die vor 50 Jahren noch Unwissenheit über die Folgen ihres Tuns vorschützen konnten, deren fortgesetzte Aktivitäten heute jedoch unentschuldbar sind. Nehmen wir als Beispiel die Formel 1. Ein Haufen von (meist) Männern, die in ihren Turbo-Boliden auf einer Rennstrecke um die Wette rasen. Adrenalin pur in den 1970ern: schnelle Autos, spektakuläre Manöver, röhrende Motoren, knallharte Typen.

Aber in einer Welt, die sich rasend schnell einem katastrophalen Kipp-Punkt nähert, welchem Zweck kann dieser Zirkus da noch dienen? Hat jemand in der Formel 1 je darüber nachgedacht, wie widerlich, wie abartig sadistisch das ganze Theater geworden ist? Diese Typen verherrlichen den Verbrennungsmotor, während der Planet verbrennt! Das ist so, als würde man Grillwettbewerbe in Gegenden veranstalten, die von Waldbränden verwüstet wurden. Was zum Teufel glauben sie, dass sie da tun? Wie können sie es wagen?

Folgendes muss geschehen:

»Was kann ich tun?«

Knöpfen Sie sich jeden Formel-1-Sponsor vor: Red Bull, Tag Heuer, Rolex, Rauch (den Fruchtsafthersteller. Warum er unbedingt mit abgasinduziertem Mord assoziiert werden will, entzieht sich unserer Kenntnis), Exxon, Daimler, Aston Martin, Citrix, Rexona (bekämpft Körpergeruch, bewirbt Formel-1-Gestank), Martini, Dita Eyewear (Brillenexperten ohne Durchblick), AT&T, Oris, Hackett, DHL (Expresslieferung von Armageddon?), UPS, Heineken, JCB, Oris (Uhren für den Countdown zur Katastrophe), Acronis, IBM, UBS, Johnnie Walker, Zepter, Puma, Kasperski, Riva, Hublot. Diese Produkte sponsern den Tod.

Üben Sie Druck auf Ihre Freunde, Familie und Nachbarn sowie auf Ihren Arbeitgeber aus, damit sie sich von diesen Marken distanzieren. Wenn Sie Red Bull trinken oder in der Kantine Ihrer Firma anbieten, sponsern Sie Mord.

Alle Länder oder Städte mit Formel-1-Rennen kommen auf eine schwarze Liste. Wenn die Formel 1 in Ihrer Stadt gastiert, machen Sie dem Stadtrat Dampf, damit er aus diesem schändlichen, mörderischen Tun aussteigt.

Nehmen Sie die Medien ins Visier. Fragen Sie jeden Kanal, der die Rennen überträgt: »Was tun Sie da!?« Drängen Sie auf eine Nachrichtensperre für den Motorrennsport.

All die berühmten Rennfahrer, die als Vorbilder und Champions umjubelt werden, sollten mit der schonungslosen Wahrheit konfrontiert werden: Herr Hamilton, Herr Vettel, Herr Ricciardo, Ihre Tätigkeitsbeschreibung lautet ab sofort: »Ich verbrenne Kohlenwasserstoff«. Sie sind keine Helden. Kein Kind sollte Sie als Ikone verehren. Wir leben nicht mehr in den 1970ern. Sie sind nicht Niki Lauda oder James Hunt, die beiden hatten zumindest nicht den Klimawandel als Schandfleck auf dem Gewissen. Sie wissen sehr wohl, welche Konsequenzen die Verbrennung von Kohlenwasserstoffen hat. Wie können Sie da noch weiterrasen?

Und belassen Sie es nicht dabei. Wenn Ihnen eine Kampagne gegen ein Unternehmen gelungen ist und Sie gesehen haben, was funktioniert, wetzen Sie Ihre Messer, und nehmen Sie das nächste in Angriff. Suchen Sie über soziale Medien und Ihr Netzwerk ein Unternehmen aus – eine Mineralölgesellschaft, eine Fluglinie, einen Zementhersteller oder einen Autobauer. Wählen Sie aber nur eines aus. Ziehen Sie noch einmal dasselbe durch. Sorgen Sie dafür, dass alle, die Sie kennen, dessen Produkte oder Dienstleistungen boykottieren. Machen Sie ordentlich Wind: Reden Sie darüber, schreiben Sie Artikel, hängen Sie Poster auf.

Wer einen aktiveren Weg wählt, um den Wandel zu erreichen, sollte auch Flexibilität mitbringen, etwa so wie die Demonstranten in Hongkong im Sommer 2019: Sie setzten auf Aktivismus in Form von Flashmobs, die unversehens auftauchten und wieder verschwanden.

Die meisten Unternehmen geraten durch solche Aktionen unter Druck, und das noch mehr seit Beginn der Covid-19-Krise. Ein Umsatzeinbruch von 10 Prozent ist für viele Unternehmen schwer zu verkraften. Peilen Sie 25 Prozent in einem ersten Schritt an. Schließen Sie sich außerdem mit ausländischen Netzwerken zusammen, um einen globalen Effekt zu erzielen.

Da ist auch nichts Illegales daran. Nehmen Sie also gemeinsam die Verschmutzer, die Reichen und all jene in die Mangel, die Fake News und Klimawandel-Leugnung gefördert haben. Organisieren Sie einen Boykott – meiden Sie deren Produkte, prangern Sie jene an, die sie verwenden. Aber konzentrieren Sie sich immer nur auf ein Unternehmen, um Streuverlust zu vermeiden. Wenn Sie viele Unternehmen gleichzeitig attackieren, werden Sie viel weniger Wirkung erzielen.

Von wunden Punkten und steten Tropfen

Zusätzlich zur Boykottierung jener, die direkt für die Klimamisere verantwortlich sind, sollten die Vorkämpfer für den Wandel auch andere Möglichkeiten andenken, um Druck zu machen. Straßendemonstrationen werden zu leicht ignoriert und können zu Verhaftungen führen. Suchen Sie also nach Punkten, an denen Sie wirksam Druck ausüben können, ein wenig so wie die Akupressurpunkte am menschlichen Körper. Fordern Sie Änderungen, die zunächst vielleicht nicht logisch erscheinen, aber dennoch sinnvoll sind. So wecken Sie Aufmerksamkeit und bringen Leute dazu, Ihnen zuzuhören. Denken Sie an die vielen, vielen Tropfen, die Sie brauchen, um den Stein des Systems zu höhlen.

Bearbeiten Sie beispielsweise Ihre Lokalpolitiker (zumindest bis sie ersetzt worden sind), damit sie sich für eine gesetzliche Verkürzung der Arbeitszeit einsetzen. Wenn Arbeitszeiten verkürzt werden und Menschen mehr Urlaub haben, ergeben sich zusätzliche Arbeitsplätze. Und zufriedenere Menschen. Sie können sich das so vorstellen: Jedes Jahr ist eine fixe Menge an bezahlter Arbeit zu erledigen. Wenn die Personen, die diese Arbeit verrichten, weniger Stunden pro Woche arbeiten, müssen die Arbeitgeber weitere Personen einstellen, um die Lücke zu schließen. Jetzt, da viele

Menschen aufgrund von Covid-19 ihren Arbeitsplatz verloren haben, ist die gesellschaftliche Notwendigkeit, die verfügbare Arbeit besser zu verteilen, so hoch wie seit Jahrzehnten nicht mehr. Drängen Sie also auf die lang ersehnte 15-Stunden-Woche, bei vollem Lohn sowie Grundeinkommen für alle (bis ein neues System, ohne Geld, geschaffen werden kann). Hand aufs Herz: Wer würde das nicht wollen?

Drängen Sie gleichzeitig auf andere Reformen, um das System in bessere Bahnen zu lenken oder einige seiner Mängel aufzuzeigen. Fordern Sie, dass diejenigen, die sich zu Hause um Kinder oder ältere Menschen kümmern, vom Staat für das bezahlt werden, was sie tun – und das adäquat. Deren Arbeit ist für die Gesellschaft äußerst wertvoll, entsprechend sollten sie dafür entlohnt werden. Um dies zu finanzieren, fordern Sie höhere Steuern für die Reichen und hohe Erbschaftsabgaben. Dann hätte jeder Mensch zu Beginn seines Lebens dieselben Ausgangsbedingungen. Diese Ideen mögen vielleicht verrückt erscheinen – sie sind jedoch im Interesse der meisten Menschen und sollten daher mehrheitlich unterstützt werden. Bestärken Sie Menschen darin, anders zu denken!

Schließlich sollten Sie auf eine Neuverteilung der Staatshaushalte pochen. Fordern Sie weniger Ausgaben für militärische Zwecke und mehr für die Bekämpfung der viel größeren Gefahr, die die Sicherheit aller bedroht: den Klimawandel. Sagen Sie Ihren Lokalpolitikern und Parlamentariern, dass das ganze Geld, das derzeit für staatlich subventioniertes Morden verschwendet wird, stattdessen in Maßnahmen gegen den Klimawandel investiert werden sollte, und erklären Sie ihnen auch, warum. Wir wissen, dass auch dies wahrscheinlich auf taube Ohren stoßen wird, zumindest anfangs noch. Aber drängen Sie weiter, denn: Wenn niemand es tut, kann eine Welt ohne Waffen nie Wirklichkeit werden.

Aufbruch statt Untergang

Zu Beginn des zweiten Teils baten wir Sie, sich eine Schar Menschen vorzustellen, die auf der Flucht vor einer sengenden Feuersbrunst an einen breiten, reißenden Fluss gelangt, ohne Brücken und Möglichkeiten zu dessen Überquerung. Wir sagten, dass die Menschheit im Kontext des Klimawandels genau an diesem Punkt steht.

Stellen Sie sich noch einmal diese Menschen vor. Sie wissen weder vor noch zurück: Vor ihnen der reißende Fluss, hinter ihnen die immer näher kommenden Flammen. Sie bekommen es mit der Angst zu tun. Einige Menschen sind außerdem krank, ein Virus greift um sich. Es ist wie ein Weckruf, eine letzte Chance, um aufzuwachen, zusammenzustehen und zu handeln. Am Horizont taucht ein kleiner, heller Schimmer auf. Die Menschen blinzeln ins Licht, halten den Atem an, spüren Hoffnung aufkeimen. Das Licht ist unendlich winzig. Selbst jetzt, aus der Nähe, scheint es zu filigran, um sie tragen zu können, ein Streifen so schmal wie ein dünnes Seil, kaum Mikrometer dick.

Eine Stimme spricht zu ihnen in einer Sprache, die alt ist und in die Zukunft weist. Sie verspricht ihnen die Überquerung des Flusses, wenngleich sie fast niemand versteht. Nahezu alle Menschen sind willkommen. Dies ist die Chance, sich ans andere Ufer zu retten. Auch wenn eine sichere Überquerung nicht gewährleistet ist.

Teil 2 – Verstanden! Und jetzt?

Die Reise wird nicht leicht. Dies wurde im Zuge dieses Buches immer wieder klargestellt. Es gibt so viel, was schiefgehen kann, und bestimmt werden viele Fehler begangen werden. Aber die Überquerung ist möglich, und sie ist der einzige Weg.

Dennoch herrscht immer noch Ungewissheit.

Zum Glück gibt es andere Entscheidungen, die wir treffen können, und viele davon sind sehr gut. Wir können uns für eine neue, strahlendere Zukunft auf der anderen Seite entscheiden, die auf Würde, Respekt und Fürsorge füreinander aufbaut. Wir können uns für eine Zukunft entscheiden, in der die Schönheit und das Potenzial des Lebens bewahrt bleiben. Wir können uns entscheiden, diesen Ort hinter uns zu lassen. Diesen düsteren, morastigen Ort, wo jeder, auf sich allein gestellt, immer heftiger um sich schlägt und immer mehr in Angst und Hass zu versinken droht.

Allen Widrigkeiten zum Trotz gibt es nun diese letzte, einzigartige Chance, den Übergang zu schaffen.

Auf der anderen Seite werden natürlich neue Hindernisse warten. Aber keine Autos und Gewehre werden ihren heißen Rauch in den Himmel speien, und es wird die Möglichkeit geben, in Frieden und Wohlstand und im Einklang mit der Welt zu leben.

Brechen Sie mit uns auf, zu dieser Reise an einen besseren Ort. Beweisen wir uns und einander, dass dieser radikale Schritt möglich ist.

Wir haben jetzt die Chance.

Nutzen wir sie.

Gemeinsam.

Faktencheck

Die Fakten:

- Die Durchschnittstemperatur auf der Erde steigt, und das immer schneller. Dies ist kein natürliches Phänomen.
- Die Erderwärmung ist hauptsächlich darauf zurückzuführen, wie Menschen Energie und Nahrung produzieren.
- Die durchschnittliche Oberflächentemperatur der Erde ist jetzt um 1,1º C höher als im Jahr 1800, und damit höher als je zuvor in den letzten 3 Millionen Jahren.

Die Folgen:

- Berge bröckeln, weil das Eis, das sie zusammenhält, schmilzt.
- Gletscher verschwinden und Wälder sterben.
- Stürme nehmen an Häufigkeit zu.
- Es gibt immer mehr und immer größerer Waldbrände.
- Dürren halten immer länger an.
- Bei manchen landwirtschaftlichen Produkten sinken die Ernten bereits.
- Flüsse und Seen trocknen durch Verdunstung und zu wenig Regen aus.
- Der Permafrost in Kanada und Sibirien schmilzt, wodurch mehr Treibhausgase freigesetzt werden.
- Wenn das Eis schmilzt, wird weniger Hitze in den Weltraum reflektiert, und die Erwärmung erhöht sich.

Teil 2 – Verstanden! Und jetzt?

Die Fakten:

- Das wichtigste Treibhausgas ist das Kohlendioxid (CO2).
- Vor der Industriellen Revolution betrug die CO2-Konzentration in der Atmosphäre 280 ppm (parts per million – Teile pro Million).
- Derzeit ist sie mit 416 ppm um fast 50 Prozent höher als damals und steigt weiter exponentiell um 3 ppm pro Jahr.
- Der Kipp-Punkt, ab dem eine unaufhaltsame Kettenreaktion beginnt und den die Menschheit daher verhindern muss, ist bei 450 ppm erreicht. Das ist in 15 Jahren (Stand 2020).
- Diese CO2-Konzentration herrschte auf der Erde zuletzt vor 45 Millionen Jahren.

Die Folgen:

- Wenn der Kipp-Punkt erreicht ist, gerät die Erderwärmung außer Kontrolle.
- Die großen Wälder auf der ganzen Welt werden sterben, und das Eis an den Polen wird noch schneller schmelzen.
- Gletscher werden verschwinden, und Korallenriffe werden sterben.
- Mitte dieses Jahrhunderts wird die Durchschnittstemperatur ihren höchsten Stand seit 10 Millionen Jahren erreicht haben. Viele Teile des Planeten werden nach 2050 unbewohnbar sein.
- Der Großteil des Planeten wird langfristig unbewohnbar. Das wird auch dann der Fall sein, wenn alle Bedingungen des Pariser Klimaabkommens von 2015 erfüllt werden.

Die Fakten:

- Selbst wenn sich Hunderte Millionen von Menschen dafür entscheiden würden, ab morgen zu 100 Prozent nachhaltig zu leben, würde es nicht ausreichen, um den Beginn der Kettenreaktion zu verhindern. Es reicht nicht, wenn einzelne Menschen verantwortungsvoll handeln.
- Wenn Sie Ihren persönlichen Beitrag zur Luftverschmutzung ab morgen jedes Jahr auf null reduzieren, verzögern Sie den Beginn der Kettenreaktion um eine Fünftelsekunde.
- Wenn alle in Europa – alle 510 Millionen Menschen – keine Treibhausgase mehr erzeugen würden, würde dies die Katastrophe um 15 Monate verzögern.

Was getan werden muss:

- Maßnahmen gegen den Klimawandel müssen in Nordamerika, Europa, Australien, Japan, Indien, China und Russland mitgetragen werden.
- Nahezu alle müssen die Treibhausgasemissionen um mindestens 7 Prozent pro Jahr senken.
- Innerhalb von drei Jahren 20 Prozent weniger Autos, 20 Prozent weniger Flugzeuge, 20 Prozent weniger Kohlekraftwerke und 20 Prozent weniger Schiffe.
- In den darauffolgenden drei Jahren müssen diese um weitere 20 Prozent reduziert werden.
- Je länger mit den Maßnahmen zugewartet wird, desto drastischer müssen die Senkungen ausfallen.

- Im Jahr 2030 müssen die Treibhausgasemissionen mindestens 60 Prozent niedriger sein als heute. Im Jahr 2040 müssen sie null betragen.
- Die Menschheit muss die Art und Weise ändern, wie sie Nahrungsmittel anbaut, und sämtliche Entwaldung stoppen.
- Sie muss auch Tausende von CO_2-Abscheidungsanlagen errichten, um die CO_2-Konzentration in der Atmosphäre wieder auf ein sicheres Niveau zu senken.

Wenn all dies geschieht, haben wir eine 50:50-Chance, die Kettenreaktion zu verhindern.

Emissionen können nicht kompensiert werden.

Nahezu alle Menschen müssen dringend ihre Lebensweise umstellen – ob sie wollen oder nicht.

Lesetipps

»Che« Guevara, Ernesto (1960). *Guerrilla Warfare*

Kropotkin, P. (2014). *Die Eroberung des Brotes.* Alibri

Kropotkin, P. (2018). *Gegenseitige Hilfe in der Tier- und Menschenwelt.* Henricus Edition Deutsche Klassik

Mao Tse-Tung (1937). *On Guerrilla Warfare*

The Right Livelihood Way – A Sourcebook for Changemakers.
  → 8 Mythen über gewaltfreien Aktivismus (von einer Bewegung, die zum Sturz eines Diktators führte)
  → https://www.zef.de/fileadmin/webfiles/downloads/projects/rlc_campus/The_Right_Livelihood_Way_-_A_Sourcebook_for_Changemakers.pdf

Adbusters
  → https://www.adbusters.org/
  → Inspirationen für die kreative Nutzung von Werbung zur Vermittlung der Botschaft. Siehe auch das »Adbusters Field Guide to Virtual Warfare«

https://www.ende-gelaende.org/
  → deutsche Anti-Kohlekraft-Bewegung

Lesetipps

Die Bewegungen Wild Lily Student Movement, Wild Strawberry Movement und Sunflower Movement in Taiwan illustrieren, was mit friedlichem Aktivismus erreicht werden kann.

Clearing the PR Pollution that Clouds Climate Science
→ www.desmogblog.com

Die Bewegung »System change not climate change«
→ https://systemchangenotclimatechange.org/

Bewegung gegen die neoliberale Globalisierung, die sich insbesondere für eine stärkere Regulierung der Finanzmärkte einsetzt.
→ https://www.attac.org/
→ attac Deutschland: https://www.attac.de/
→ attac Österreich: https://www.attac.at/

https://anarchistischebibliothek.org/special/index: enthält viele weitere Leseempfehlungen

Anmerkungen

1. »*A chicken can't lay a duck egg*« (»Ein Huhn kann kein Entenei legen«) wurde vom US-Bürgerrechtler Malcolm X in den 1960ern geprägt. Er wollte mit diesem Vergleich veranschaulichen, dass ein System immer nur das leisten kann, wofür es konzipiert wurde. Gleichermaßen kann das aktuelle System der Wirtschaftsentwicklung eben nur das leisten, wofür es konzipiert wurde. Es kann nicht einfach »reformiert« oder »nachjustiert« werden. Um das Problem zu lösen, braucht es ein anderes, neues System.

2. *Zoonotic host diversity increases in human-dominated ecosystems*, Nature, August 2020
https://www.nature.com/articles/s41586-020-2562-8

3. *The Global Plastic Calamity*, Bluewater, Februar 2019
https://www.bluewatergroup.com/wp-content/uploads/2019/08/Bluewater-Hormones-White-Paper-Final-180219.pdf

4. *How air pollution is destroying our health*, World Health Organisation, Mai 2018
https://www.who.int/news-room/spotlight/how-air-pollution-is-destroying-our-health

5. https://www.who.int/gard/publications/The_Global_Impact_of_Respiratory_Disease.pdf
Gilt auch für Deutschland:
https://de.statista.com/themen/69/todesursachen/#dossierSummary__chapter6

6. Wenn die Emissionen auf dem Niveau bleiben wie vor Covid-19, wird es 14,8 Jahre dauern. Vor Covid-19 nahmen die Emissionen jährlich um 2 Prozent zu. Der Kipp-Punkt wäre damit in 12 Jahren erreicht. Für 2020 wird das Emissionsniveau nach Covid-19

voraussichtlich um 5,5 Prozent sinken. Falls die Emissionen auf diesem Niveau bleiben, wird der Kipp-Punkt Ende 2035 erreicht sein.

7   Kevin Anderson, Deputy Director, Tyndall Centre for Climate Change Research, 2009: »A 4°C future [relative to pre-industrial levels] is incompatible with an organised global community, is likely to be beyond ›adaptation‹.« »If you have got a population of nine billion by 2050, and you hit 4°C, 5°C or 6°C, you might have half a billion people surviving« (Fyall 2009). Siehe *Disaster Alley Report*, Dunlop and Spratt, Juli 2017

8   Dunlop and Spratt, *What Lies Beneath: The scientific understatement of climate risks*, 2017, Rockstrom et al., *A roadmap for rapid decarbonization*, Science, 2017, und Dunlop, *Disaster Alley: Climate change, conflict and risk*, 2017

9   UNEP Emissions Gap Report, 2019. https://www.unenvironment.org/news-and-stories/press-release/cut-global-emissions-76-percent-every-year-next-decade-meet-15degc

10 OECD (Oktober 2014). *How Was Life? Global well-being since 1820*.
    https://www.oecd-ilibrary.org/economics/how-was-life_9789264214262-en

11 Smith, Adam, *An Inquiry into the Nature and Causes of the Wealth of Nations*, dt. von Horst Claus Recktenwald: *Der Wohlstand der Nationen. Eine Untersuchung seiner Natur und seiner Ursachen*, München 1974, S. 112.

12 Ebd., S. 213

13 Smith, Richard, 2014, *Green Capitalism, the God that Failed*

14 Mit Asien sind in diesem Buch die fernöstlichen Länder Ost- und Südostasiens gemeint.

15 Siehe zum Beispiel *The equal pay revolutionaries*, Financial Times, 8.–9. August 2020.

16 *Conflict And Violence In The 21st Century: Current Trends As Observed In Empirical Research And Statistics*; Weltbankgruppe, 2016
https://www.un.org/pga/70/wp-content/uploads/sites/10/2016/01/Conflict-and-violence-in-the-21st-century-Current-trends-as-observed-in-empirical-research-and-statistics-Mr.-Alexandre-Marc-Chief-Specialist-Fragility-Conflict-and-Violence-World-Bank-Group.pdf

17 Smith, Richard, 2014, *Green Capitalism, the God that failed*, Kapitel 7, erster Absatz

18 *Letter to the Egyptian Gazette*, 25. August 1964, http://malcolmxfiles.blogspot.com/2013/07/letter-to-egyptian-gazette-august-25.html

19 Die Keynessche Wirtschaftslehre (»Keynesianismus«) war nach der Weltwirtschaftskrise in den 1930er-Jahren die dominante ökonomische Denkrichtung. Sie plädierte für ein viel stärkeres Eingreifen des Staates in die Wirtschaft, im Gegensatz zum modernen Neoliberalismus, der die Macht des »Marktes« und minimale staatliche Regulierung favorisiert. Keynes schwebte auch eine Zukunft vor, in der seine Enkelkinder in der Lage sein würden, nur 15 Stunden pro Woche zu arbeiten – etwas, was in der reichen Welt von heute durchaus möglich wäre, wenn die Gesellschaften es denn wollten.

20 https://taz.de/Oekonomin-ueber-Meinungsmanipulation/!5585707/

21 Lu Chien-Yi, *Surviving Democracy - Mitigating Climate Change in a Neoliberalised world*, Routledge 2020, Einleitung, S. 2

22 Scheidler, Fabian, 2015, *Das Ende der Megamaschine*, Promedia, »Warum hat die Mehrzahl der Menschen zugelassen, dass sich Eliten bilden, die über sie herrschen und einen Teil ihrer Erträge in Form von Steuern einziehen, um damit Armeen zu finanzieren und gewaltige Paläste zu bauen?« (S. 16).

Anmerkungen

23 In einem System nach dem Prinzip der *Stewardship* wird einzelnen Personen (»*Stewards*«) auf befristete Zeit die Verantwortung für gemeinsam genutzte Grundstücke oder Güter übertragen, ohne dass sie diese je selbst besitzen. Stewards haben also kein Eigentumsrecht daran, sehr wohl jedoch eine langfristige Rechenschaftspflicht gegenüber der Gesellschaft – mithin also das Gegenteil vom heutigen System.

24 Tolstoi, Leo N., *Auferstehung*, Artemis & Winkler, 1994, 7. Auflage, übers. von Wadim Tronin und Ils Frapan, S. 461

25 Laut statista.com, Stand 17.8.2020

26 Exxon's Climate Denial History: A Timeline | A review of Exxon's knowledge and subsequent denial of climate change; https://www.greenpeace.org/usa/global-warming/exxon-and-the-oil-industry-knew-about-climate-change/exxons-climate-denial-history-a-timeline/

27 Big Oil's Real Agenda on Climate Change, March 2019. InfluenceMap. https://influencemap.org/report/How-Big-Oil-Continues-to-Oppose-the-Paris-Agreement-38212275958aa21196dae3b76220bddc

28 https://en.wikipedia.org/wiki/All_your_base_are_belong_to_us

29 https://www.nytimes.com/interactive/2019/10/29/climate/coastal-cities-underwater.html

30 *The Militant*, 17. Februar 2003, Vol. 67, Nr. 6

31 Basierend auf dem Film »Gaslight« aus dem Jahr 1944, in dem ein Mann seine Ehefrau psychisch so lange manipuliert, bis sie glaubt, den Verstand zu verlieren.

32 Die Bovine Spongiforme Enzephalopathie (BSE), auch *Rinderwahnsinn* genannt, ist eine *tödlich verlaufende* neurodegenerative *Hirnkrankheit bei Rindern*; Menschen können bei Verzehr von kontaminiertem Fleisch die Creutzfeldt-Jakob-Krankheit (CJK) entwickeln.

33 Obwohl die Insektenpopulation sinkt (siehe z. B. https://www.theguardian.com/environment/2019/feb/10/plummeting-insect-numbers-threaten-collapse-of-nature), nimmt die Ausbreitung der von Insekten übertragenen Krankheiten zu: https://science.orf.at/v2/stories/2858850/ und https://www.cdc.gov/vitalsigns/vector-borne/index.html)

34 https://www.ghsindex.org/about/

35 https://www.bbc.com/news/amp/world-us-canada-52258284
https://de.statista.com/statistik/daten/studie/1103785/umfrage/mortalitaetsrate-des-coronavirus-nach-laendern/
https://de.statista.com/statistik/daten/studie/1090985/umfrage/fallzahl-des-coronavirus-2019-ncov-nach-laendern/
https://de.statista.com/statistik/daten/studie/1105027/umfrage/aktive-corona-faelle-covid-19-nach-schweregrad-und-laendern/:

36 UNEP Emissions Gap Report, 2019. https://www.unenvironment.org/news-and-stories/press-release/cut-global-emissions-76-percent-every-year-next-decade-meet-15degc

Über die Autoren

Graeme Maxton ist Klimaktivist, Ökonom und ehemaliger Generalsekretär des Club of Rome sowie erfolgreicher Buchautor. Seine scharfe Kritik am modernen ökonomischen Denken veröffentlichte er in den Bestsellern »Ein Prozent ist genug: Mit wenig Wachstum soziale Ungleichheit, Arbeitslosigkeit und Klimawandel bekämpfen« und in »Die Wachstumslüge«. Bei Komplett-Media sind seine beiden Bücher »CHANGE!« und »Globaler Klimawandel« erschienen.

Bernice Maxton-Lee, ehemalige Geschäftsführerin des Jane Goodall Institute, hält Vorlesungen über Klimawandel und Entwaldung an der Technischen Universität in Wien und ist wissenschaftliche Mitarbeiterin an der ETH in Zürich.

Unsere Erde wird ausgeplündert, die Vielfalt des Lebens schrumpft dramatisch. CHANGE! Mit diesem Appell baut Graeme Maxton eine Brücke in die nahe Zukunft. Was müssen wir jetzt tun, damit unsere Kinder und Enkel noch gut leben können?

- Schluss mit dem Wachstumswahn
- Schutz der Biodiversität
- Lebensqualität durch mehr Freizeit und ein solidarisches Miteinander
- Weniger Konsum, weniger Autos, weniger Flüge
- Steuern auf Ressourcen (Wasser, Bodenschätze, Luft)
- Weniger Chemie, Plastik und Industrienahrung
- Ein starker Staat, der den zügellosen »freien Markt« kontrolliert
- Zerschlagen von Monopolen (Digitalisierung, Industrie, Ernährung)

Das Ziel: ein humanes Leben im Einklang mit der Natur

»Wir stehen am Wendepunkt des 21. Jahrhunderts. Hier entscheidet sich unsere Zukunft. Kein Hollywood-Held wird uns retten. Wir müssen handeln. JETZT! «

Hardcover • 160 Seiten • Preis: 18,00 € [D], 18,50 [A]
ISBN: 978-3-8312-0474-8

GRAEME MAXTON
mit MAREN URNER und FELIX AUSTEN

GLOBALER KLIMA NOTSTAND

Warum unser demokratisches System an seine Grenzen stößt

Perspective Daily

KOMPLETTMEDIA

Das Leitprinzip für Notstandsgesetze muss sein, dass diese den fortschreitenden Klimawandel aufhalten. Dafür sind wirtschaftliche und gesellschaftliche Umbrüche notwendig, die mit erheblichen Risiken verbunden sind. Doch wir müssen sie eingehen - denn schlimmer wird es sein, nicht zu handeln. Freiheit darf nicht durch das Fehlen von Regulierung definiert werden, sondern indem diejenigen eingeschränkt werden, die unverantwortlich handeln..

Hardcover • 192 Seiten • Preis: 20,00 € [D], 20,60 [A]
ISBN: ISBN: 978-3-8312-0558-5